O CASULO
Dandara

VITÓRIA HOLANDA

1ª Edição
Fortaleza, 2019

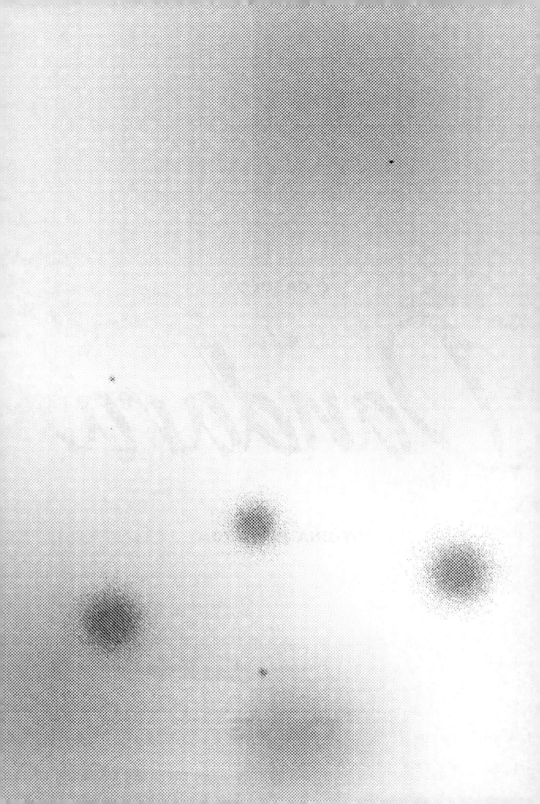

Copyright@2019 CeNE
Texto: Vitória Holanda

Edição
Edmilson Alves Júnior
Igor Alves
Irenice Martins

Preparação de Originais e Coordenação Geral
Jordana Carneiro

Consultoria
Sílvia Cavalleire
Labelle Rainbow

Revisão
Cidia Menezes
Kamile Girão

Capa, Projeto Gráfico e Diagramação
Diego Barros

Ilustrações
Diego Barros

Edição Conforme o Novo Acordo Ortográfico da Língua Portuguesa
Dados Internacionais de Catalogação na Publicação (CIP)

H722c Holanda, Vitória.
O casulo Dandara / Vitória Holanda - Fortaleza: CeNe, 2019
144p.; P&B. 15x22cm.
ISBN: 978-85-68941-20-1
       1. Biografia. 2. Memórias. 3. LGBT. 4. Preconceito. 5. Literatura Brasileira.
I. Título.

CDD 920

Ficha catalográfica elaborada pela Bibliotecária Gilcimara Lopes Nobre CRB3 - 1485

Av. Santos Dumont, 1343 - Loja 4 - Centro
Fortaleza - CE - CEP 60.150.161
www.editoracene.com.br / (85) 2181.6610

Todas as pessoas e situações são reais, no entanto, alguns nomes foram trocados para preservar as identidades dos envolvidos.

"Nada de mal acontece para as pessoas que são do bem."

Dandara Ketlely

Quando criança, assistia a filmes policiais, porém não me chamavam muito atenção. Acho que nunca imaginei que, depois de ser mãe de dois filhos, seria uma investigadora de polícia. Quando entramos na polícia, prometemos servir e proteger a sociedade, mas não esperamos que um dia esta proteção se estenda para um de nossos familiares ou amigos.

No dia a dia da atividade policial, usamos a razão, aplicamos a lei, não somos movidos pela emoção.

A morte de minha amiga de infância me trouxe uma mistura de sentimentos. Ninguém se torna policial e espera investigar o homicídio de alguém que você ama. Descobrir como aconteceu e quem foram os autores do homicídio de Dandara foi a mais difícil tarefa que recebi do destino em meus anos de polícia.

O dia da tragédia foi um dia normal de uma delegacia de polícia. Minha mãe me ligou e deu a notícia que haviam assassinado minha amiga Dandara. Ela esteve na minha casa no mesmo dia pela manhã. Na hora em que recebi a notícia, não havia "caído a ficha" ainda. Mas, ao chegar à casa, tive uma "overdose" de sentimentos. Entre choro, desespero e revolta. Tive a impressão de que ela havia me chamado no meu portão.

"Minha deusa, rainha!"

Ela não estava mais lá. Minha alma agonizou de dó de minha amiga, senti meu peito arder de tanta dor, era como se o que ela havia sentido tivesse passado para mim. Como alguém faria algum mal a um ser humano como Dandara? Como a maldade se encontraria com a bondade de Dandara? O que havia acontecido naquele lugar?

Depois de toda dor, fui preenchida por lembranças de nossa infância, como se nós estivéssemos na sala da casa da minha mãe, deitadas no chão de pés para cima e vendo TV. Lembrei-me de nossas tardes de brincadeiras na rua, dos ensaios da quadrilha, da nossa adolescência, das festas e baladas da época, em que ia escondida de minha mãe. Lembrei-me de quando ela usou roupa de mulher a primeira vez e saiu do casulo, de todo seu bom humor e de sua vontade imensa de ser feliz.

Dandara me ensinou com sua partida que a vida é tão rápida para coisas banais, que nem sempre seguir um protocolo de sucesso é benéfico para as nossas vidas. Ela viveu todos os dias com prazer, não se vitimizava ou se lamentava do seu caminho. Ela vivia e sentia o que era o prazer de estar viva. Sua vida enquanto travesti e o seu envolvimento com a prostituição são um manual de ensinamentos para jovens travestis e transexuais, a fim de que se defendam do aliciamento e da ilusão de ganhar a vida como "profissionais do sexo". Hoje, as mudanças permitem alocá-las no mercado de trabalho: talvez Dandara e suas amigas não tiveram a mesma chance. Na época, era "o olho da rua" ou a prostituição.

Escrever sobre Dandara e sua vida talvez não convença algumas pessoas as quais acham que ser travesti é uma doença, que é falta de vergonha ou simplesmente acreditam que "meninos vestem azul e meninas vestem rosa". Entretanto, é uma forma de mostrar que ser travesti na vida dela não foi uma escolha de criança influenciada na escola ou na mídia.

Ela nasceu Dandara.

Vitória Holanda

O bairro do Conjunto Ceará

Na década de 70, Fortaleza passava por um crescimento populacional vertiginoso. Muitas famílias moravam de aluguel e sequer conseguiam se sustentar.

Em 1978, foi inaugurado o bairro do Conjunto Ceará – conjunto habitacional projetado no Governo Adauto Bezerra, feito para famílias carentes que não possuíam imóvel próprio. A estrutura do bairro era formada por etapas (1ª Etapa, 2ª Etapa, 3ª Etapa e 4ª Etapa). As casas eram pequenas e havia duas espécies: as casas tipo A possuíam apenas banheiro, cozinha e sala. Já as casas do tipo B possuíam também quartos. Era como se duas famílias morassem juntas na mesma casa de tão coladas que eram. A cada cem casas, a quadra possuía um colégio, o qual era denominado de UV (Unidade de Vizinhança) e existia uma sequência, do UV1 ao UV11.

O Conjunto Ceará era composto de casas parecidas, ruas sem calçamento e etapas sem sequência, ou seja, a 1ª Etapa era vizinha da 3ª Etapa, isto porque as etapas seguiam a ordem de construção, não de localidade. As ruas eram numéricas, de 100 até 1000. A quadra em que eu morava era da Rua 902 a Rua 928, chamávamos de "as novecentas", as pessoas até hoje falam que o bairro é um labirinto, ninguém consegue adentrar sem se perder.

O bairro ficou conhecido nas eleições para prefeito de Fortaleza em 1988, época em que Ciro Gomes foi eleito com votação decisiva do bairro. O Conjunto Ceará ficou conhecido por Cirolândia.

Em reconhecimento, Ciro retribuiu aos seus eleitores e reestruturou o bairro. Criou a cada UV uma quadra de esportes, um parquinho novo e uma praça. Revitalizou os canais que na época não eram totalmente saneados. A Avenida Central era o coração do Conjunto, nela foi construído o polo de lazer, com duas quadras de esportes, uma com espaço para pista de skate e outra para jogos. Bem no centro do polo, havia uma Caixa Econômica Federal. A praça tinha muitos bancos e grama ao redor. Havia em todo entorno do polo quiosques para a venda de aperitivos. Durante muitos anos foi o local de lazer do bairro, de quem mora ou já morou por lá.

O bairro foi palco das mais famosas festas juninas de Fortaleza. Era o evento mais esperado por muitos, até por aqueles que não moravam lá. Também era conhecido, e ainda é, por ter belas mulheres e isso fazia da festa um grande espetáculo.

Para os moradores do bairro, o Conjunto ficou carinhosamente conhecido por "CC" e para os bem humorados que não moravam por lá, diziam que a sigla se dava por cada casa no bairro possuir dois "Cês": um coqueiro e um corno. Contudo, eram todos felizes, os que apreciavam a natureza e os que possuíam mulheres bonitas e dispostas.

A mudança

Em dezembro de 1981, minha mãe foi contemplada com uma casa localizada na 4ª Etapa do Conjunto Ceará. Morávamos de aluguel no bairro Panamericano. As casas eram sorteadas, e a 4ª Etapa foi a última a ser entregue.

Mudamo-nos em uma tarde, quase noitinha; nesse dia, muitas famílias se mudavam, era uma festa para as crianças. Próximo da nossa casa tinha uma Unidade de Vizinhança, UV9, quadra de futebol e um parquinho feito sobre areia de praia, com balanço e gangorra.

Meu pai era cozinheiro e minha mãe, a temida Dona Francisca, era dona de casa. Éramos quatro mulheres. A mais velha era Solange, uma espécie de gerente da casa. Minha mãe delegava todos os poderes a ela, inclusive lhe ensinou a dar "beliscões" e "cascudos". Silvana era a intelectual, calma, gostava de estudar e não desobedicia a Dona Francisca por nada, sempre medrosa. Eu sempre fui a "pestinha" da casa. Meu pai me apelidava de "Pitoca". Lembro-me de que minha única preocupação era brincar, fosse como fosse e não importava com quem fosse. A caçula da casa era Maria do Socorro, mais conhecida como "Gelbinha". Era o cuidado especial de minha mãe.

Na tarde da mudança, enquanto nossa mãe arrumava (organizava) a casa tão sonhada, fomos brincar no parquinho do UV9. Não parecia uma mudança, parecia o dia das crianças de tantas que havia naquele parque.

E lá estávamos todas brincando, quando Gelbinha ficou embaixo da gangorra e levou um "carimbo" na testa. Fiquei desesperada, sabia que Dona Francisca não perdoaria e nossa brincadeira acabaria ali, entre berros e choros de Gelbinha.

Voltei para casa certa que um beliscão iria levar. Mas minha mãe estava tão feliz com sua casa própria que me deixou voltar ao parque.

Retornando para o mundo da brincadeira, avistei um garotinho* de cabelos loiros e cacheados, olhos verdes e sorriso aberto, ele se aproximou e pediu para brincar também. Então, conheci naquele dia Dandara e assim nascia uma amizade que duraria o resto de nossas vidas.

---

*Importante deixar claro que Dandara ainda era uma criança com compleição masculina e que chamaremos de Dandara em sua fase que antecede à descoberta de sua travestilidade e a mudança de nome, por respeito a sua identidade de gênero.

A Infância

A febre que envolvia as crianças no início da década de 80 era conhecida como Balão Mágico. Em minha casa, havia todos os LPs da turma. Decorávamos as letras e depois brincávamos de "Qual é a música?" – programa do Sílvio Santos que fazia sucesso na época. Estudávamos no período da tarde; pela manhã, a televisão me hipnotizava, queria cantar como a Simony. Nunca consegui (risos).

Dandara tinha aproximadamente seis anos de idade quando batia na porta da minha casa para entrar e assistir à TV comigo. TV colorida era algo difícil naquele tempo. Ela entrava e, juntas, deitávamos no chão da sala com a mão no queixo e pés levantados, assistindo à TV e comendo biscoitos.

Minha mãe sempre fazia bananada, uma bebida feita com leite e banana, e trazia para nós. Dandara era minha companhia quase todos os dias. Era sempre risonha minha manhã com ela, assistíamos aos desenhos animados da época: He-Man, Os Herculoides, Punky, a Levada da Breca, Thundercats e vários outros os quais foram nosso maior entretenimento.

Por vontade própria, ela passava o dia em minha casa, brincando e vendo TV, fato que, muitas vezes, obrigava Dona Francisca a pedir que ela fosse embora.

"Vai para tua casa! Já está bom!" Dizia ela em tom alto.

Dandara sempre gostava de dar apelidos às pessoas, sempre chamou minha mãe de Dona "Fran":

"Calma, Dona Fran, já estou indo."

O Cheiro da infância

Fui estudar na escola Franklin Gondim. Fiz da 2ª a 4ª série lá (1982 a 1984). Era uma escola particular pequena e acolhedora. Tinha uma professora que se chamava Tia Salete, ela era maravilhosa para as crianças. Foi lá que me apaixonei pela primeira vez. Tínhamos uma turma de crianças que estudaram juntas todos esses anos. Meu amor de infância tinha apelido de "Pardal", era um menino da minha sala de 3ª série. Ele tinha cabelos lisos, franja e voz aguda, e jogava bola com Dandara no campo do parquinho.

Quando terminávamos de brincar, à noite, sentávamos na calçada em frente à casa de Isabel, minha vizinha, e ali contávamos nossas novas sensações. Cada um falava como eram seus pretendentes de namorados. Dandara nos incentivava, mas nunca falava de seus sentimentos quando criança, tampouco de como ela era diferente. Nós também não entendíamos, éramos crianças, não havia a temática na TV, não havia internet ou mesmo alguma influência como muitos acreditam existir nos dias de hoje. Ela tinha pais trabalhadores que se sacrificavam o dia todo para sustentar nove filhos. Não tinha como dar atenção a todos, o tempo era corrido. Era a lei da sobrevivência.

O país nessa época passava por uma crise econômica. Estávamos saindo de um governo militar. As famílias do bairro eram muito trabalhadoras, muita gente humilde. Escola particular era coisa de luxo, a maioria estudava em escola pública.

As escolas particulares tinham a proposta da compra de material escolar. Minha mãe saía para o centro da cidade para comprar o nosso. Quando ela chegava, eu costumava apreciar tudo que ela trazia. Era tudo muito lindo. Adorava o cheiro das borrachas que tinham aroma de frutas, as canetas coloridas que chamávamos de "canetinhas", o lápis tinha tabuada desenhada e o apontador, formato de coração. Os cadernos tinham personagens de desenho animado na capa. Eu gostava da "Moranguinho" e dos "Ursinhos Carinhosos."

Guardava tudo na mochila. Lembro-me de que, nas escolas, não havia cantinas. Nossas mães faziam nossos lanches e colocavam em nossas lancheiras. A minha era vermelha, do tipo maleta com copo e um pequeno depósito para colocar biscoitos. A garrafinha não era térmica, essas eram mais caras. Ganhei uma na 4ª série.

Minha mãe fazia um "suquinho" que era febre na época, chamava-se "Ki suco". Acho que ainda é vendido por aí. À noite, quando íamos sentar na calçada, mostrava todo material para minha amiga Dandara. Ela também tinha minha mania de cheirar o material. Acho que esse é o cheiro que mais lembra minha infância. Carrego-o comigo até hoje.

A Rua 924

Ainda na fase entre sete e oito anos, chegávamos do colégio, mal tirávamos a farda e já corríamos para a rua.

Tínhamos as melhores brincadeiras. Todo dia escolhíamos uma. Eu sempre gostei de estar em meio aos meninos e de suas brincadeiras, achava tudo mais divertido, assim como ela gostava de brincar com minhas irmãs e suas bonecas.

A rua era nossa segunda casa. O triângulo era minha brincadeira preferida, ela sempre me ensinava as brincadeiras de menino. Triângulo era bom de brincar, mas era bem melhor quando chovia. Formavam-se montes de areia molhada e era a melhor sensação. A brincadeira era feita com uma barrinha de ferro riscando no chão. O mais prazeroso era fincar a barra no chão e sair riscando, formando um labirinto a partir do triangulo.

Não demorava muito, Dona Francisca gritava meu nome de casa:

"Vitóooooooria!"

Dandara conhecia minha mãe, já sabia o que me esperava quando brincava com meninos.

"Corre, mulher! Tu vai levar um cascudo!"

E assim eu fazia, corria tanto que os pés batiam na bunda. Meu pai era cozinheiro no Grupo Edson Queiroz, na TV Verdes Mares. Sempre bem-humorado, quando eu corria para casa ele já sabia que minha mãe iria deixar a marca dela, o temido "cascudo". Era eu passar na porta e ser carimbada.

Meu pai dizia:

"Eita! Esse até saiu faísca, Pitoca." Sempre falava com risos.

Nossa saga continuava no outro dia. Anoitecendo, era o sinal de que tínhamos que ir para a rua. Naquele dia, a brincadeira era de "bila" (bolinha de gude). Fazíamos o triângulo no chão, jogávamos as bilas e começávamos.

Em meio a tantas brincadeiras, fui percebendo que Dandara era muito talentosa para esportes e brincadeiras, mas havia algo que era tipicamente dela, o bom humor. Gritava com todos quando ela ganhava e saía correndo, e nessa época imitava Macunaíma (personagem de um filme de Grande Otelo na década de 70) na rua, ela pulava de uma ponta a outra, todos bolavam de rir. O mais curioso é que mesmo em meio à inocência, já percebíamos que ela era "diferente".

A Gretchen

Na mesma década, por volta de 1984, despontava na TV os sucessos da Gretchen. A cantora inovou com suas músicas sensuais e coreografias que evidenciavam o bumbum. Havia uma música da cantora que se chamava "Melô do Piri Piri", essa era a música favorita da Dandara. Quando nos reuníamos na rua era na calçada da casa de uma senhora chamada Dona Dorinha, ela pegava um cabo de vassoura e fazia dele microfone, cantando e rebolando e ali começava a fazer seu show, imitando a Gretchen.

A morte da Susi

As bonecas que faziam sucesso na época (1984) eram a Susi e a Barbie. Não tinham características de bebê, elas eram mulheres com corpos torneados, cabelos compridos e maquiagem no rosto.

No dia das crianças, ganhei uma Susi. Ela era linda, tinha cabelos castanhos e cacheados presos com uma fita no alto de sua cabeça. Nesse dia, todas as crianças ficavam na rua mostrando seus presentes.

Fui mostrar minha boneca às meninas da rua e uma delas pediu para alisar o cabelo, acabei deixando. Minutos depois, vi minha linda boneca estava descabelada. A ideia de deixar minha amiguinha com minha boneca não havia dado certo. Corri para casa com a boneca na mão, chorando. Dona Francisca brigou comigo:

"Como você deixou que fizessem isso com sua boneca? Ela foi cara, sabia?"

Ela me deixou de castigo, quase morro de chorar querendo estar na rua com todos. Quando saí do castigo, corri atrás de Dandara para mostrar o que tinha acontecido com a Susi, pobre Susi.

E ela disse:

"Quem foi a jumenta que fez isso com a bichinha?"

Comecei a chorar, ela ficava louca quando me via daquele jeito e logo tentou me confortar.

"Para de chorar, mulher. A Dona Fran vai te dar outra no natal, tu vai ver, ela vai colocar uma debaixo da tua cama."

À noite, esquecemos a boneca e fomos para a rua. Era o dia das crianças de verdade, era um dia só nosso.

Banho de chuva

Dezembro era tempo de chuva no Ceará. Se havia algo que amávamos era a chuva. Nesse período era para estarmos em nossas casas, enrolados no lençol e vendo TV. Mas nós estávamos na rua, nos deliciando com a chuva. Eram muitas crianças, nossas mães nos deixavam tomar banho de chuva se fosse aquela chuva contínua. Não podia ser a chuva posterior a um sol muito quente, essa nos deixaria doentes, segundo elas.

Dandara era a primeira da rua a ir para a chuva. Eu ficava ansiosa à espera dela me chamar para que eu pudesse pedir autorização à minha mãe para correr para a rua também. E a ouvia gritando da sua casa:

"Bora pra chuva, Vitória, corre logo se não acaba!"

Era um dia mágico da nossa infância. Naquela tarde de 1984, a água escorria na rua e rapidamente se formavam "rios" - era assim que enxergávamos na época. Sabíamos que a chuva era das boas quando isso acontecia rápido. Porém, o melhor da chuva era a "bica" (água que caía do telhado das casas). Ficar debaixo dela era fantástico, era como se quem descobrisse uma bica tivesse achado um tesouro. E essa era realmente nossa maior riqueza de vida, não tínhamos ideia que a vida ainda nos reservava tanta coisa.

Um dia de chuva forte inundava os "canais" do Conjunto Ceará, eram os afluentes do Rio Maranguapinho. Os meninos iam tomar banho lá nos canais cheios, eles chamavam os locais que faziam acúmulo de água de "os pocinhos" e sempre os ouvia falar entre si:

"Vamos tomar banho nos 'pocinhos', negada?"

Eu morria de vontade de tomar banho nos "pocinhos", mas se eu fosse, mesmo escondida, das duas formas não sairia viva da história: ou ficaria lá, pois não sabia nadar, ou minha mãe me mataria naquele mesmo dia.

O homem morto

Em um desses dias chuvosos de dezembro, Dandara veio me chamar para olharmos um homem que havia morrido e seu corpo estava no rio. Tive coração acelerado, nunca havia visto uma pessoa morta antes, tinha medo. Quando criança, achávamos que o morto ficaria debaixo da nossa cama e nos levaria para o mundo dos mortos. Era um terror!

Dandara também era muito medrosa, desde criança roía unhas, essa era sua marca. Sabíamos todas as suas emoções quando colocava a mão na boca e, de maneira apreensiva, revirava os olhos. Mesmo assim resolvemos ir, escondidas de nossas mães, claro!

Ela dizia:

"Vamos logo, senão a água vai levar o corpo."

Fomos correndo, mas o coração quase saía pela boca. Agora teria que me preocupar também com o morto debaixo da cama, e já tinha o "Minotauro" (personagem do programa infantil do Sítio do Pica-Pau Amarelo, que tinha cabeça de touro e corpo de homem) para me preocupar. Esse infeliz me perseguiu a infância inteira.

Chegamos lá e vimos o homem em estado avançado de putrefação, estava roxo e inchado, tinha os olhos "esbugalhados" e ele estava na beira do rio. Não tivemos medo. Mal sabia que, muitos anos depois, eu iria ver tanta gente morta na minha rotina de trabalho. Essa foi minha primeira investigação, fiquei imaginando como e por que o homem havia morrido.

Olhei para Dandara. Lá estava ela roendo unhas, meio apreensiva, e me perguntou:

"Tá com medo, mulher?"

"Tô não", respondi.

"Pois vamos embora, se não Dona Francisca te pega."

Ao chegarmos, compartilhamos com outras crianças nossa experiência de ter visto uma pessoa morta. As outras crianças olhavam para nós com cara de quem parecia assistir a um filme de terror.

O Quartel

No ano de 1984, existia um quartel da Polícia Militar na esquina da nossa rua. Nessa época ainda existia a prisão por averiguação[1], então todos temiam e respeitavam a polícia, até as crianças.

Conhecíamos alguns policiais, mas na realidade morríamos de medo.

Às vezes, observávamos a polícia na Jurema - bairro pertencente à cidade de Caucaia, vizinho ao Conjunto Ceará – conduzindo alguém. Dandara e eu sempre conversávamos sobre quem era o conduzido, o suposto bandido.

"Eita, menina. Esse daí deve ter roubado uma televisão", dizia Dandara.

"Foi não besta, tá só 'bebo'[2]."

Assim eu a respondia.

Achávamos curioso observar a rotina daquele quartel. Eles ficavam em fila todos os dias, pela manhã, para hastear a bandeira e cantar o hino, depois entravam nas viaturas e iam trabalhar.

Meu pai, aos fins de semana fazia um prato típico do Ceará, a panelada[3]. Ele chamava os policiais para comer em nossa casa.

A polícia era amiga do meu pai, e eu achava o máximo!

1: No Brasil, antigamente, antes da Constituição Federal de 1988, era comum a polícia recolher, de forma aleatória, principalmente em regiões periféricas, geralmente à noite. Mesmo portando documento de identificação, as pessoas que seriam averiguadas eram levadas à delegacia para checagem de antecedentes criminais. Após consulta, eram liberadas.
2: Bêbado. 3: Prato típico do Nordeste que é feito com bucho e tripas de boi, mas também pode levar patas e linguiça de boi.

O quartel era um prédio ao qual chamávamos de "centrinho". Tinha gramado na frente, com dois bancos de praça e um telefone público. Telefone era objeto de luxo nas residências, não conhecia ninguém que possuísse telefone. Esse telefone público servia à comunidade. Dandara e eu sempre ficávamos sentadas no banco, esperando o telefone tocar. Ela adorava atender o telefone, brincava como se fosse a telefonista.

"Alô, com quem você quer falar?"

Pediam para falar com Dona Lourdes, na Rua 924, e ela corria para chamá-la.

"Dona Lourdes, telefone para a senhora!"

De quem ela não gostava, dizia:

"Não vou chamar, não, não gosto dessa bruxa, aff!"

E desligava. Não adiantava, poderiam ligar cem vezes que ela não chamava mesmo.

O quartel tinha uma calçada alta onde brincávamos de esconde – esconde pelos arredores.

Muitos anos depois, descobri que foi aproximadamente nessa idade e atrás desse quartel, que Dandara teve seu primeiro contato sexual com um menino. Segundo ela, um coleguinha mais velho a levou atrás do quartel e fez sexo com ela. Ela me confidenciou já adulta.

Na época que me contou, disse:

"Ali nasceu um 'viado'!"

A brincadeira do momento nesse período, que andávamos na calçada da Isabel, era a carimba ou queimada. Sempre começávamos brincando, depois estávamos brigando.

Tínhamos nosso time: Dandara, Isabel, Daniela (era minha amiga de brincar de bonecas, também foi a noiva da quadrilha várias vezes) e eu.

Isabel era nossa amiga também, era minha vizinha, parede com parede. Eram quatro irmãs e uma delas tinha Síndrome de Down. Ana ou Ana Banana, como assim nós a chamávamos. Ela adorava estar entre nós, divertindo-se, falava com dificuldade, mas torcia por nosso time. Dandara adorava quando ela gritava, e ela a puxava para rua e dizia:

"Vai, Ana Banana! Grita alto, mulher!"

Ganhávamos a partida e com ela muitas medalhas* nas pernas.

Ela imitava as caras e bocas de Ana, que sempre corria atrás dela, era muito carinhosa. E logo em seguida, estava agarrada com ela. Ninguém ficava com raiva, não tínhamos maldade, éramos inocentes e tampouco havia preconceito, somente com a "noiva preta" que vocês já vão saber.

*Hematomas

A noiva preta

Lembro que na rua atrás da minha, Rua 926, a minha era a 924, as casas não tinham muro. Dava para ter acesso a outra rua por dentro dos terrenos pertencente às casas. Havia uma senhora chamada Dona Madalena, que era a organizadora do projeto. Ela fazia todos os anos uma quadrilha nos tempos de festas juninas. Íamos para o ensaio da quadrilha todos os dias, era lotado de crianças. Dandara e eu brincávamos e ela dizia que seria a noiva, e eu a afrontava, falando que eu seria a noiva. Ela sempre revidava com humor:

"Não tem noiva preta, não, mulher!"

A brincadeira era uma verdade, nunca fui escolhida como noiva, apenas as loiras da rua.

O mês de junho era de pura diversão. Tínhamos ensaios todos os dias. As quadrilhas se apresentavam na Rua 926 no Dia de São João. Dona Madalena fechava a rua. As famílias das crianças lotavam o lugar. Havia comidas típicas e muito forró.

Após os ensaios, as crianças iam para as calçadas brincar de "caí no poço" e "passa anel". Aquela que ganhasse escolhia uma menina ou um menino para dar um beijo no rosto, foi ali, aproximadamente com oito anos, que beijei alguém pela primeira vez, um beijo inocente, porém era um marco em nossas vidas. Dandara não queria beijar as meninas. Quando ganhava, fazia de conta que respeitava as meninas e falava para elas:

"Não, mulher. Tua mãe vai brigar."

Ela chamava atenção das meninas com seu jeitinho. Era linda, de cabelos loiros e olhos verdes, todas as meninas queriam beijá-la, mas "ele não".

A bailarina e o pirata

Em janeiro de 1985, houve eleições para presidente. Não entendia muita coisa, mas sempre via muita comemoração e comentários dos adultos.

Tancredo Neves foi eleito presidente do Brasil, em eleições indiretas. Ele era considerado na época um herói da nação. O país estava em festa.

No carnaval da época, as crianças se vestiam com fantasias, iam aos bailes ouvir e dançar marchinhas de carnaval.

Tínhamos um clube no bairro, cujo nome era APACHE CLUB. Era lá que as mães levavam seus filhos fantasiados para "pular" o carnaval.

Fui para o baile com fantasia de bailarina. Minha mãe levou a Dandara e ela foi fantasiada de pirata, com uma roupa preta e vermelha e um tapa-olho que ela mesmo havia feito.

Chegando lá, dançávamos bastante, era o que ela mais gostava. A cada música era uma nova coreografia e eu tentava acompanhar.

Voltávamos do clube a pé, era cerca de dois quilômetros de distância. Vínhamos rindo e cantando. O país ainda comemorava, mal sabíamos que sequer Tancredo neves assumiria.

Em março de 1985, Tancredo Neves foi hospitalizado e em abril, um dia antes da posse, nosso presidente faleceu. Lembro-me de Caco Barcelos dando a notícia no Jornal Nacional. Chorei, mesmo não entendendo muita coisa, mas a Fafá de Belém cantando o Hino Nacional e o povo chorando na reportagem me emocionaram e me fizeram chorar.

O Xou das Loiras

No início de 1986, entrava no ar uma apresentadora infantil chamada Xuxa Menenghel. Ela havia lançado seu programa de TV "Xou da Xuxa". Foi a melhor fase da minha infância. Eu colecionava fotos da Xuxa e Dandara cuidava da minha pasta, era tipo colecionador, feita de plástico e com vários saquinhos. Minhas fotos eram retiradas de jornais e revistas. Éramos muito fãs dela.

Em pouco tempo, eu tive a ideia de montar um grupo de "Paquitas" formado por meninas loiras e por uma Xuxa também loira. Fazíamos coreografias e tínhamos roupas iguais às das originais. Dandara me ajudava com as coreografias e arrumava as meninas. Nos dias de "shows", ela fazia a maquiagem e penteava os cabelos delas, nessa época já dizia que ia ser cabeleireiro. Nossas apresentações eram em aniversários de crianças e showmícios (muito comuns na época).

A alma legionária

Em contrapartida, em meio à infância indo embora e junto com ela o interesse em programas infantis, despontava no Brasil bandas de rock oriundas de Brasília, cidade que ficou conhecida como uma ilha cultural em relação ao resto do país.

Paralamas do Sucesso, Capital Inicial, Barão Vermelho, Titãs, Plebe Rude e a Legião Urbana. Era o "boom" do rock nacional. As letras eram formas de manifestação e refletiam os anseios da geração de jovens que cresceu sob a ditadura e observavam na década de 80 a possibilidade de uma sociedade menos repressiva. Algumas letras celebravam uma noção de liberdade individual e a transição política da época.

Legião Urbana era nossa banda favorita. Ela nos acompanhou até nossa fase adulta. Expressava nossos sentimentos, conflitos, paixões, diferenças e a relação com nossos pais. Era nosso mundo, nosso pensamento expressado numa banda.

Nossa calçada passava por uma transformação. Ela estava amadurecendo. Não mais criança, estava virando adolescente. Continuava sendo nosso lugar, a porta de entrada das nossas mudanças.

Sentávamos na calçada por horas à noite, decorávamos as letras de Renato Russo. Ele era nosso maior ídolo, parecia que era nosso melhor amigo, sabia de tudo que passava em nossas vidas.

Já não estávamos sós, éramos uma juventude com esperança de dias melhores, de amores, de sermos compreendidos.

Dandara, eu e as nossas amigas da rua sentávamos toda noite na calçada.

Ela sempre estava no nosso meio e participou das nossas mudanças de menina para mulher.

Lembro-me de que menstruei aos 14 anos e foi com ela que conversei, mesmo que minha amiga não soubesse nada sobre o assunto.

"Não acredito! E tua mãe sabe? Que legal! Agora tu és moça, mulher!" Disse ela empolgada com o assunto.

Menstruar significava para as meninas que, agora, elas viraram mulheres, adultas e independentes.

Quando a lua estava bonita, íamos para "Os Cariocas", que era um lugar na divisa entre as cidades de Fortaleza e Caucaia, próximo ao Conjunto Ceará. Lá era alto e dava para ver todo o bairro iluminado. A lua ficava linda de lá. Voltávamos correndo do local para que nossas mães não sentissem nossa falta.

Ali sentávamos e cantávamos bem alto, olhando para nosso bairro iluminado pelas casas e postes. Sentávamos e cantarolávamos "Tempo Perdido", música da Legião Urbana: "Não temos medo do escuro, mas deixe as luzes acesas (...) não temos tempo a perder!"

Éramos tão jovens...

Dandara e seus irmãos.

Dona Antônia era mãe de nove filhos:

Valter era o mais velho dos irmãos, a diferença de idade entre eles era em média dois anos. Ele trabalhava desde jovem, era loiro, branco e tinha um bigode parecido com o do cantor Belchior.

Xandy, como era apelidado Alexandre, era o namorador dos irmãos. Trabalhava em uma fábrica de sabão. Ele tinha uma noiva, que se chamava Bia, mas logo Xandy conheceu Estelina na escola UV 9, onde eles estudavam. Estelina era filha de Dona Esmeralda, que trabalhava como professora na escola. Então, Xandy passou a namorar as duas. Mais na frente, vamos entender a relação e a ligação de Dandara com a filha de Dona Esmeralda.

Dandara era muito próxima de Dona Antônia. Ela estudava também no UV9, como a maioria dos irmãos. Dona Antônia era zeladora da escola. Ela trabalhou no UV9 até a aposentadoria. Ganhava apenas um salário mínimo e tinha que se virar para sustentar nove filhos com a renda. Estudei com Dandara apenas um ano, na 1ª série (1982), logo fui para uma escola particular.

Quando ela passava para ir para o colégio, sempre vestia calça jeans e camiseta, descia a rua com manual de apoio, material utilizado e fornecido pelo Estado, e caderno. As aulas no UV9 eram pelo método de telensino, um programa educacional da época onde todo o conteúdo era televisionado e todos assistiam em sala de aula, apenas com o apoio de um orientador.

Sempre passava em frente à minha casa e cumprimentava minha mãe:

"Boa tarde, Dona Fran!"

Ronaldo era o mais querido dos irmãos. Ele foi o primeiro filho a terminar o Ensino Médio. Trabalhava desde pequeno para ajudar sua mãe. Aos 14 anos, vendia banana em um carrinho de mão e, logo depois, colocou uma empresa de venda de pombos e bichos em geral com Dandara. Falaremos mais à frente sobre essa sociedade.

Keyla* era a mais nova, era estudiosa, também concluiu o "2º grau" entre os irmãos de Dandara. Quando crianças, não imaginaríamos que ambas seriam tão próximas na caminhada. Keyla logo se mostrou também ser diferente, porém, anos depois, já adolescente. Viraram parceiras de vida, com muitas histórias de alegrias e tristezas. Eram, além de irmãs, cúmplices.

As mulheres se casaram cedo e logo tiveram filhos e se mudaram para as casas de seus companheiros. Sueli era a mais velha. Era bonita,

*Irmã caçula de Dandara que também adotou identidade de gênero feminina.

foi a primeira a se casar e foi morar em outro bairro. Simone e Susana se casaram posteriormente e cada uma teve dois filhos.

Silmara era a mais nova das mulheres e embora sendo "muito diferente"*, teve aos vinte anos uma filha. Ela até namorou o vizinho, também amigo da rua, chamado Antônio José. Ele era magro e franzino. Dandara colocava apelidos em Francisco José: Pichilinga, Macarrão, Maguim, Palito e Ceará.

Dandara naquele ano escreveu uma lista de nomes para Silmara colocar em sua filha: era Sara, Samara, Samira, Suzana e Sayonara. Todos iniciavam com "S", como era costume na época nossas mães colocarem nomes de filhos com as mesmas iniciais. Engraçado que na minha casa também predominava a letra "S" nas iniciais, apenas o meu era com "V", talvez Dona Francisca tivesse uma premonição de que sua filha daria muito trabalho.

Voltando para Silmara, esta escolheu em meio aos "S" o nome Samira, e a ideia de Dandara foi comemorada por ela. Dandara estava feliz, havia dado o nome de sua sobrinha.

A mãe de Dandara tivera problemas de saúde no parto de Silmara. Acredito que ela teve depressão pós-parto.

Também acredito que ela nunca soube que teve a doença na época. A mãe da Dandara tinha uma vida difícil. Tivera dez partos - um deles havia falecido - em sequência, depois do parto de Silmara, ainda teve a caçula, Keyla. Não faltava amor de mãe para seus nove filhos. Ela sempre foi preocupada com todos, foi uma fase difícil, sem acompanhamento médico ou psicológico. Eram muitas crianças para serem cuidadas, era uma escadinha de meninos e meninas. Mal ela sabia que, depois, essa escada seria tão diversificada.

Silmara achava que era excluída do amor de mãe. Aos sete anos, sua mãe a avistou chorando no quarto e falando sozinha:

"Minha mãe não gosta de mim."

A mãe de Dandara trabalhava o dia todo. O serviço na escola era braçal. Limpar uma escola, com dezenas de salas, banheiros, salas de esportes, bibliotecas, e ainda organizar sua casa e nove crianças. Ganhava pouco, mal dava para as obrigações em casa, mas, mesmo assim, ela segurava a barra.

---

* Silmara é lésbica, mas na época nem ela entendia direito o que era.

A troca de papéis

O pai de Dandara, ainda na infância dos nove filhos, era açougueiro, tinha um pequeno comércio em casa. Muito cedo, ele pegava sua Kombi e ia para o Centro de Abastecimento de Produtos Agrícolas (CEASA) comprar frutas, verduras e carne.

Era dentro da Kombi que Dandara brincava com Silmara, faziam uma casinha. Seu Alceu comprava brinquedos para as duas, carrinho e bola para Dandara, boneca para Silmara. Quando Seu Alceu virava as costas, as duas trocavam os brinquedos. Dandara queria as bonecas e a irmã preferia os carros e a bola. Se Dandara era diferente, Silmara conseguia ser "muito diferente"*. Sempre percebemos que ela era um menino com nome de menina. Se vestia como menino, andava como menino, falava como menino. Toda parceira de Dandara nessa fase que ambas estavam tentando entender o que eram de verdade. Porém Silmara nunca teve dúvidas! Elas brincavam de casamento, Silmara se casava com meninas e Dandara com meninos, de batom e véu na cabeça.

"Now I would do most anything
To get you back by my side
But I just keep on laughing
Hiding the tears in my eyes
'Cause boys don't cry
Boys don't cry
Boys don't cry"

"Agora eu faria qualquer coisa
Para ter você de volta ao meu lado
Mas eu só fico rindo
Escondendo as lágrimas em meus olhos
Pois garotos não choram garotos
Garotos não choram
Garotos não choram"

Tradução de trecho da música Boys Don't Cry - The Cure

A adolescência

A Legião Urbana explodia no país com suas músicas e letras sérias, por vezes melancólicas. Mais uma vez, estávamos acompanhando as mudanças no Brasil, e hoje, adulta com licenciatura em Pedagogia e Bacharel em Direito, me orgulho de ter vivido nessa época.

Aprendíamos as letras, cantávamos e mal entendíamos o que estávamos a cantar. Quando as músicas falavam de nossas emoções e sentimentos, sabíamos tudo, vivíamos a mesma coisa das letras com traços melancólicos.

Quando Renato Russo dizia em suas músicas, "Ninguém respeita a constituição, mas todos acreditam no futuro da nação", "Que país é esse?", "terceiro mundo, se for..."

O Brasil ainda era um país de "terceiro mundo", passei a entender com propriedade o que significava a expressão na 8ª série, em 1989. Eu tinha um professor de História que nos fazia refletir, mostrava-nos o cenário político da época. Repassava-nos tudo de maneira imparcial, para que pudéssemos ler a nossa própria realidade e construir opiniões.

Quando tinha aula de História, lá ia eu para a calçada à noite, para conversarmos sobre a letra da música "Que país é esse". Eu já sabia o que era terceiro mundo e explicava o que se tratava para meus amigos. A música da banda foi eleita para a lista das 100 maiores músicas brasileiras, segundo a revista Rolling Stones (1987).

A letra era questionadora e teria uma severa crítica social ao país, em todas as classes sociais. A música foi criada por Renato em 1978, mas sua versão crítica se encaixou com a criação da Constituição de 1988, declarada pelo presidente constituinte, na época Ulisses Guimarães, é denominada de "Constituição Cidadã". Nesse período, o Brasil era um país saindo da ditadura militar.

E assim, nossa "calçada" estava literalmente politizada.

Nossas brincadeiras mudaram, não eram mais de bonecas, carros e desenhos. Gostávamos de esportes, e a Dandara era uma exímia jogadora de futebol, jogava futebol na quadra do UV9. Eu gostava do vôlei.

Às tardes, após as aulas, os jogadores desciam a rua. Cerca de dez meninos e todos moravam na minha rua. Roberto (filho da Suzana), os irmãos John, Joatan e Janaido (filhos de Marlene), Francisco José, o "Pichilinga", os irmãos Dandara, Ronaldo, Xandy e Silmara também.

Dandara tinha pernas lindas, musculosas como a de um atleta. Eles jogavam do início da tarde até à noite, lá se juntavam com mais outro grupo. Lembro que passava em frente à quadra e era realmente lá um encontro, uma reunião só de homens. Ouvia o cantar dos sapatos e da bola na quadra, ouvia as pancadas da bola quando batia na parede. Vez por outra eles brigavam, naquela época as brigas eram de murros*, a gente chamava de "disputa na mão", não havia violência, não havia armas de fogo, não havia ameaças, logo depois estavam se falando como se nada tivesse acontecido.

Quando terminavam a partida, passavam em frente à minha casa com a bola na mão. Dandara falava para mim:

"Tu nem sabe, viu, hoje teve dois que 'disputaram, mas já passou."

Ou seja, brigaram de murros e já haviam reatado a amizade rapidamente.

A sociedade dos pombos

Dandara nessa fase já não era mais tão próxima de Silmara. Era parceira de Ronaldo, era a fase de jogar bola. Dandara e Ronaldo eram sócios de vendas de bichos, eles criavam cerca de 300 pombos, o criadouro era na sua casa, e era em cima da casa o que os pombos moravam. Os dois iam para "Feira dos Pássaros", uma feira onde vende todo tipo de animal, localizada no bairro da Parangaba. Levavam os pombos de ônibus, chegando lá, quando não vendiam, soltavam os bichos lá mesmo. Depois, retornavam para casa.

Quando chegavam, ficavam perplexos, pois os pombos haviam voltado para casa. Dandara ficava admirada olhando para os pombos. Ela adorava, olhava "boquiaberta", sem acreditar:

"Como eles conseguem achar o caminho de volta, meu Deus?"

Ela não sabia que estavam criando pombo-correio, essa espécie tem capacidade inata de retornar ao seu lar, e eles retornavam ao seu ninho. Eles foram muito usados na Primeira Guerra Mundial para comunicações no campo de batalha, eram o "WhatsApp" da época.

Além dessas características, os pombos-correios se diferenciam dos demais, porque possuem um corpo mais robusto e viajam em um único dia até mil quilômetros, em uma velocidade de 90km/h.

A atividade de criar pombo-correio e treiná-los é conhecida como columbofilia, que significa amigo em grego. Os criadores de pombos-correios os treinavam para participar de competições. Dandara e Ronaldo criavam para juntar um dinheirinho para ajudar em casa, estavam ficando maiores de idade e havia a necessidade.

Dandara conhecia os pombos pelo nome. Ela sempre teve essa mania de colocar nome nos bichos, gatos e cachorros da rua também.

*socos

Na vizinhança, também havia pessoas que criavam pombos. Porém somente Dandara e Ronaldo criavam para a venda. Entre os pombos dos vizinhos, havia um azul com dourado, mais parecia cinza com brilho. Toda tarde, esse pombo brilhoso ia comer milho que ficava no chão para os pombos dos dois irmãos se alimentarem. Dandara o apelidou de acinzentado. Ele era forte, robusto e elegante, era diferente dos outros. Dandara paquerava com esse pombo, ela queria que ele fosse seu. Certo dia, Dandara ficou horas atrás da porta da cozinha de sua casa, roendo as unhas para pegar o pombo acinzentado. Até que depois de horas, conseguiu pegar o pombo exótico e passou a ser seu preferido.

Depois de venderem alguns pombos na feira e perceberem que eles voltavam para sua casa, passaram a não cortar as asas dos bichos e se cortassem seria bem pouco, para que com quinze dias eles voltassem para casa e poderiam vender novamente.

Por muito tempo, fizeram dessa atividade uma forma de ganhar dinheiro. Vendiam outros bichos também, não apenas pombos. Vendiam preás, ratos, galinhas, coelhos e outros pássaros. Dandara, mesmo depois que assumiu ser gay, ainda vendia pombos na feira, na época não mais com Ronaldo e sim com sua irmã Keyla. Porém, vamos falar desse laço entre as duas mais à frente.

As filhas de Dona Esmeralda

No início da década de 90, era comum que adolescentes estudassem no centro da cidade de Fortaleza. Havia no Centro uma concentração dos melhores colégios. Existia um "corredor" de escolas em uma única quadra. Os pais que podiam pagar escolas particulares matriculavam seus filhos nas melhores escolas do Centro. Já aqueles que não podiam arcar com as mensalidades os colocavam em escolas públicas, também no Centro, que eram superiores às de bairro.

O bairro do Centro da cidade era uma reunião de jovens oriundos da periferia de Fortaleza. A Praça José de Alencar e a Praça do Ferreira eram abrigos para a juventude se socializar e estabelecer laços de amizades, que muitas vezes durariam longos anos.

A Praça do Ferreira reunia os hippies da época com venda de pulseiras, brincos e anéis. Já a Praça José de Alencar era a reunião dos jovens que ali esperavam o ônibus a fim de retornarem para suas casas.

Era no ônibus que conhecíamos outros jovens que moravam no mesmo bairro, era uma mistura de adolescentes de diferentes escolas do Centro. E quando estávamos voltando para o Conjunto Ceará, parecia uma festa.

Sempre voltávamos cantando músicas da Legião Urbana, Capital Inicial, Titãs e Ultrage a Rigor. Era um coro de vozes e estilos diferentes. Muitas vezes, o motorista parava o ônibus e nos colocava para fora do coletivo. O ônibus das 17h30min era só nosso, era lotado, ocupávamos todo o final do veículo. A "traseira", como assim a chamávamos, não cabia mais ninguém. Havia meninos que subiam no para-choque e se seguravam na janela, chamávamos essa aventura de "bigú". Não era fácil pegar "bigú". Já fiz uma vez essa loucura, eu gostava de estar entre a turma e me arriscar nas aventuras.

Porém, muitas vezes voltávamos em bando pelas ruas pedindo carona. Começamos essa história de carona quando os motoristas de ônibus, entre 1990 e 1993, fizeram muita greve em Fortaleza. Nossos pais não tinham carro e tampouco celular. Tínhamos que nos virar, e pode acreditar, nós adorávamos aquela bagunça. Saíamos do colégio e quando chegávamos ao ponto de ônibus, comemorávamos ao ouvir que os motoristas estavam em greve, para assim voltarmos de carona.

Lembro-me de ter avistado, em um dia de carona, duas meninas loiras que não pareciam cearenses. Tinham olhos puxados, pele bonita, nariz afinado e uma característica de ambas, o sorriso.

Eu olhava admirada para as duas, e as achava lindas. Eram "descoladas", tinham um estilo meio punk, meio hippie.

Dayse, Auta Eurides, era seu nome verdadeiro, ela era a filha mais velha de Dona Esmeralda, tinha cabelos loiros, oriundos de parafina, corpo escultural e, como falamos aqui no Ceará, tinha "uma lapa de bunda".

Estelina era a mais nova, eu a achava delicada e meiga, parecia atriz da novela das seis da Rede Globo. Tinha um andar meio malandro, mas para mim sua essência era delicada. Seu sorriso tinha marca registrada, possuía furinhos nos cantos da boca, chamávamos isso de "sinal de beleza".

E assim foi meu primeiro contato com as irmãs. Quando chegamos ao Conjunto Ceará, percebi que elas moravam próximo à minha casa. Nessa época não falava com elas, apenas as admirava. Eu queria ser como a Dayse, tipo surfista e gostosona. Ela já trabalhava, era estilo moça e mulher, bem resolvida.

Dona Esmeralda era mãe das duas meninas, ela trabalhava como professora no UV9, era uma senhora adorável, educada e carinhosa, e também tinha um filho que se chamava Júnior. Esse era tão bonito quanto as meninas. Júnior e Estelina estudavam no UV9

Estudavam na 7ª série Estelina, Dandara e Xandy (irmão de Dandara). Estudaram na mesma sala, eles não tinham nenhuma proximidade nessa fase de escola, sequer se cumprimentavam.

Don Juan da 4ª Etapa

Entretanto, vamos voltar à página em que disse que Xandy era o irmão namorador de Dandara.

Xandy era noivo de Bia. Ela morava na Rua 920. Ele jogava bola todos os dias no campo próximo de sua casa. Estelina passava próximo todos os dias e via aquele rapaz que estudava com ela na 7ª série jogando bola. Ela o admirava, fez da passagem próxima ao campo de futebol uma rotina diária, só para olhar o Xandy. Este, tão logo percebeu os olhares de Estelina, resolveu retribuir. Ele trabalhava numa fábrica de sabão no bairro Siqueira. O ônibus que retornava para casa parava na esquina da rua onde moravam, porém ele descia antes da parada de ônibus e descia na rua de Estelina para retribuir a paquera.

Dandara contribuiu com o flerte do irmão e da filha de dona Esmeralda. Ela ajudava Estelina na conquista. Fora se aproximando de Estelina aos poucos com sorrisos, gestos e olhares.

Naturalmente Estelina se apaixonou, primeiro por Dandara, nascia um amor. A amizade é uma forma de amor, confidenciamos nossas vidas a pessoas a quem confiamos nossos segredos mais íntimos, e isso acontece quando a amizade é verdadeira. Foi "amor à primeira vista" entre Estelina e Dandara.

Dandara passou a dar recados de Xandy para Estelina, falava para ela da rotina de seu irmão, como ele era e o que fazia em casa. Estelina a cada dia se interessava mais por Xandy, ela o achava um "gato"; tinha pernas cambotas, um bigode característico de rapazes da época, olhos claros, cabelos loiros, sempre foi calado e meio misterioso, mas era o próprio "Don Juan" da 4ª Etapa.

Algumas vezes, Xandy cruzava com Estelina e estava acompanhado de Bia. Isso causava um imenso ciúme em Estelina, mas fazia com que ela sentisse mais vontade de conquistar o irmão de Dandara.

No réveillon de 1989, Xandy estava na casa da Bia comemorando a passagem de ano, com amigos e familiares de sua namorada.

Estelina passava pela esquina da Rua 920, que era a rua de Bia e Xandy a chamou. Como em cena de novela das oito, falou baixinho no seu ouvido e a beijou calorosamente na boca.

Embora Xandy possuísse namorada, começaram a namorar a partir daquele beijo. Diante do relacionamento deles, a relação de Dandara e Estelina estreitou-se ainda mais. Tornaram-se mais que amigas, eram irmãs. Dandara observava Xandy em sua casa e falava tudo para sua amiga: Sua rotina, em que horas chegava, para onde ia e com quem.

Xandy, como um exímio Don Juan, namorou as duas, Bia e Estelina, ao mesmo tempo. Quando Dandara ficava sabendo que Xandy estava na casa de Bia, corria para falar à Estelina, apontando com o dedo indicando para rua de Bia, torcendo a boca com ar de assustada e ao mesmo tempo com cara de fofoqueira de rua.

"Ei! Ele já tá por lá, viu!"

Estelina ficava triste com a notícia-fofoca, porém não podia cobrar muito de Xandy, pois havia "tomado" o namorado de Bia e ela sabia que essa ruptura entre os dois seria algo natural.

Nas idas até a casa de Estelina para repassar as "fofocas do bem", Dandara acabou conhecendo a irmã de Estelina. Dayse era a outra filha de Dona Esmeralda. Dayse era mais velha como já falei, era loura, como chamávamos "Loira de Parafina", tinha um estilo meio garota surfista, gostava de reggae, dançar, era boa de papo, o que chamamos aqui no Ceará de "mala", que significa alguém esperta. Para os dias atuais; ela era empoderada.

"A trinca de ouro" das ruas novecentos estava formada, Dandara, Estelina e Dayse. Eles tinham afinidades musicais, bailes, roupas, estilo, lugares, bebidas e bandas de rock.

Passavam a se ver todos os dias, faziam da casa de dona Esmeralda um "point", era uma alegria só. Aos poucos, outros amigos iam chegando e logo formavam uma turma numerosa.

Parecia um comercial dos anos 90*: Júnior era irmão de Dayse, que namorava "Jota", que era irmão de Nando, que namorava Dany (Bacura), que era amiga de Estelina, que era amiga de Dandara, que era irmã de Xandy, que também namorava Bia. Uma novela. Celiana também chegou ao grupo, ficou sem par, mas em pouco tempo formaria um par inusitado.

Jota e Nando moravam na 3ª etapa do Conjunto Ceará, Celiana morava na Rua 920, Dany morava no Bom Jardim, sua mãe era a costureira do bairro. Eram todos estudantes, porém nessa época, todos já haviam desistido de estudar. Era alto o número de evasão escolar na época de colegial, principalmente daqueles oriundos de escola pública. A única que terminou o Ensino Médio seria Dayse, que na época trabalhava no fenômeno dos jovens em roupas, "A loja Bunnys". Com sua marca de jeans, fez estilo entre os jovens, bem como tênis Redley, as sandálias Kenner e as sandálias Pac Way.

*Em referência a uma campanha de combate à AIDS, do Ministério da Saúde veiculado em 1988, alertando para o uso da camisinha.

A turma do EME SOM

A influência do punk e do hip hop no início de 1990 trouxe para o Brasil e para Fortaleza bailes com diversidade de músicas e estilos.

O hip hop trazia três elementos: o funk, o grafite e o break.

Jovens de periferia foram tomados por essas manifestações culturais, que faziam dos bailes reuniões de jovens.

Os encontros para curtir, dançar, sobretudo ouvir música eram apenas em clubes mais elitizados, como Clube dos Diários, Obá-Obá, Náutico e Ideal. Porém, passaram a se realizar em clubes de periferia, tais como Gigantão da José Bastos, Memphis Clube do Antônio Bezerra, Clube da Caixa de Messejana.

Surgiam a partir dos bailes e da mistura de estilos musicais que entraram no país, as então "equipes de som", formadas por inúmeras caixas de som, mesas de mixagens, muita iluminação e gelo seco.

As mais conhecidas equipes eram Agito Jovem, Circuito Cidade e Arroz com Fumo. Geralmente faziam suas festas em locais ou clubes de periferias de fácil acesso, como os já mencionados entre vários espalhados pelos bairros de subúrbio.

No Conjunto Ceará, a equipe de som local se chamava "EME SOM". Faziam bailes em escolas particulares, entre elas João Paulo, Franklin Gondim, Luiza Távora, e a escola onde eu, minhas irmãs e meus filhos estudaram, o Centro Educacional Evandro Aires de Moura (CEAAM).

Os bailes tinham espaço para cada tipo de música, assim os amantes de cada estilo musical podiam se deleitar na hora de suas músicas favoritas.

A Turma do EME SOM em seus bailes seguia uma sequência musical. Rock nacional, House, Funk Melody, Furacão 2000 e música lenta.

Além desses espaços para festas, o "EME SOM" também realizava seus bailes em uma casa de shows do bairro. Havia uma conhecida por "Pinheiro Club", em outra chamada "Fixxon", o baile paroquial (que funciona numa espécie de matinê na igreja católica do bairro) e no bar Shangrilá que era um espaço cultural também para a juventude.

Durante muito tempo, esses locais foram palco de amizades e namoros.

Dandara, as filhas de Esmeralda e amigos agregados não perdiam uma festa sequer. Ela gostava de se vestir bem, usava roupas despojadas, tênis Redley e sandália Pac Way. Gostava de andar bonita, perfumada, bronzeada, era absurdamente higiênica e vaidosa.

Dayse era vendedora da loja Bunnys no centro, seu guarda-roupa era cheio de variadas roupas e modelos. Quando iam para festas (bailes), Dandara sempre pedia emprestadas as roupas de Dayse. Ela era usuária e guardiã das roupas de Dayse, cuidava e as vigiava para que Estelina não emprestasse ao seu irmão Júnior. Sempre que ela via Estelina emprestando escondidas as roupas de Dayse, corria e falava para ela:

"Dê, a Teté tá passando pela janela aquele capuz verde neon."

Dayse já não podia fazer mais nada, Júnior já estava vestido nele.

O quarto filho de Dona Esmeralda

No meio do ano de 1990, Dandara frequentava tanto a casa de Dona Esmeralda que resolveu morar com as meninas, assim como ela se referia às amigas.

Ela tinha 14 anos e, juntas, tinham uma rotina de conversar, dormir, organizar a casa e cozinhar. As meninas adoravam a companhia de Dandara. Ela sempre foi uma maravilhosa ouvinte, conversavam muitas vezes a noite toda. No meio dessas conversas, era um festival de gargalhadas, as piadas e o vocabulário único de Dandara faziam qualquer um quase fazer xixi nas calças de tanto rir.

Dona Esmeralda acolheu Dandara com muito amor. Ela gostava dela perto de seus filhos e percebia que suas meninas eram loucas por ela.

Tão logo as meninas foram conquistadas por Dandara, foi a vez de Júnior. Ele era o irmão mais novo, bonito, bom de papo, bem-humorado. Júnior tinha amizade e muita cumplicidade com a nova moradora de sua casa, ele crescera ao lado de meninas, e Dandara (com aparência masculina) na sua rotina era uma experiência que nunca tivera. Ficavam horas conversando. Tornaram-se parceiros. Quando estavam na rua, Júnior defendia Dandara e ela o defendia.

Nas andanças do quarteto, geralmente os meninos se envolviam em brigas. Dandara era considerada "quebradora". Ela tinha mão boa para briga, e Júnior tinha mais ainda. Eles faziam uma espécie de segurança das meninas.

Aos sábados, se não houvesse festa nas escolas do "EME SOM", a rotina da turma era "dar uma volta" no Polo de Lazer do Conjunto Ceará, um local de encontros no bairro, sempre com pessoas de bom papo e assim também reviam amigos que não moravam próximos. Era a reunião da "galera".

Júnior tinha um temperamento meio difícil, era explosivo e por vezes violento, e muitas vezes Dandara o acalmava. Ela lhe falava quando o via nervoso:

"'Macho', deixa de ser estressado!"

Porém, se alguém mexesse com Júnior ou com as meninas, Dandara virava uma fera.

Certa vez, estavam todos no "Baile do Pinheiro", no Conjunto Ceará. As festas aconteciam aos domingos, e a turma batia cartão no Pinheiro aos finais de semana. Naquele dia, alguém chamou Dandara de "viadinho". Júnior ouviu e foi tomar satisfação. Ele detestava quando destratavam Dandara e foi logo dizendo:

"O que esse cara falou com você?"

Ele começou uma briga daquelas que todos se afastam e formam um círculo com os lutadores da noite.

Era cadeira para um lado, sapato para o outro, num determinado momento, Dandara esmurrava três ao mesmo tempo, e como costumamos falar na linguagem "cearensês": foi peia muita. Contudo, ninguém ficou muito ferido. Acho que as brigas faziam parte do repertório do baile.

Dandara naquela noite usava um sapato que havia pedido emprestado a Dayse, era um modelo Washington da Oxford, era o xodó de Dandara e de Dayse também. Quando chegaram à casa tarde da noite, Dayse se lembrou de seu sapato:

"Dandara, cadê meu sapato?"

Ela disse:

"Tá aqui, mulher, só tá um pouco machucado da briga."

E deu aquela gargalhada só dela.

Aceitação

Foi nas saídas para o Pinheiro e o Polo de lazer que Dandara começou a se soltar. Já ficava latente que ela não era mais a garota que jogava bola na quadra do UV9. Seu vocabulário já tinha um linguajar peculiar de meninos "gays" da época. Suas roupas passaram a ter um estilo próprio, porém nada parecido ao dos meninos. Ela usava calça vermelha, baby look, passava descolorante no corpo para ficar com pelos loiros e seu andar tinha sua marca registrada, reconhecíamos aquele andar à distância.

Ela era chique, cruzava as pernas.

Era criadora de bordões. Ao lembrar todos que ela inventou, percebo que não caberiam nesta folha de papel.

Por conta da sua compleição, corpo musculoso, pernas meio tortas, eu sempre brincava nessa época:

"Com essa tua cara de macho, tu nunca vai ser um viado, desiste!"

Ela respondia com bom humor:

"Mona, nasci garota, querida."

E era a maior verdade!

Foi um processo natural. Nunca ninguém perguntou ou questionou que ela havia se tornado gay. Nós sabíamos, minha família, as meninas filhas de dona Esmeralda, nossos amigos de calçada, a família dela e até os meninos do futebol. Todos sabiam.

Ela era querida, ninguém se importava, era amada do jeito que era e aquilo não tinha nenhuma importância.

Com as meninas, Dayse e Estelina, ela não falava sobre ser gay, apenas quando via algum rapaz bonito comentava com elas:

"Tu viu, Teté, que "bofe" lindo? Ai meu Deus, passei mal!"

Ela respeitava Dayse, a tinha como uma irmã mais velha, tinha certo receio de se abrir com ela sobre sua orientação sexual.

Nesse período de morada na casa de Dona Esmeralda, Dandara já fumava, ela aprendeu na rua. Estelina e Dayse também fumavam, era moda na época. Ela tinha estilo quando fumava.

Ela adorava sentar cruzando as pernas e conversar dando aquela "tragada" em seu cigarro. Segurava o cigarro entre os dedos indicador e médio e, com eles eretos levava, o cigarro à boca. Com a cabeça erguida, jogava a fumaça fora.

Era a cara dela, conversar com toda aquela postura, parecia aquelas vilãs chiques da novela das oito e sem esquecer que sempre soltava um de seus bordões.

Uma americana no Conjunto Ceará

Entre risos, conversas jogadas fora e cigarros, se alguém a contasse algo que a surpreendesse, podia ser uma fofoca, uma paquera correspondida, uma conquista pessoal, uma notícia que iam para uma festa, ela tragava seu cigarro e soltava seu bordão favorito:

"A *Wunder ox!*"*

---

*Bordão criado por Dandara que, dependendo do contexto, poderia ter significados diferentes, mas ela usava frequentemente para dizer que algo era muito bom, maravilhoso ou "babado", no dialeto Pajubá.

Ela inventou esse bordão como se soubesse e estivesse falando inglês, ali a risada era garantida. Até eu falei "A Wunder ox" por muito tempo. Quando minha mãe mandava lavar a louça e gritava lá da sala:

"Lavar a louça, viu, bichinha."

Eu respondia lá do quarto:

"A *Wunder ox!*"

Ela dizia:

"O que você falou?"

Eu ria sozinha e dizia:

"Nada não, mãe, já estou indo!"

Mesmo morando nas "meninas"*, ela ainda andava muito na minha casa. Na época eu já estava no Ensino Médio, gostava de estudar. Numa dessas idas, eu estava só em casa, ela passou na rua e me chamou, pedi que entrasse e, como estávamos a sós, ela disse:

"Bicha, quer aprender a fumar?"

Eu logo disse:

"Quero, sim! Bora."

Ela puxou de seu bolso uma carteira de cigarros e pediu fósforos. Acendeu o cigarro, colocou na boca, puxou a fumaça e, de maneira experiente, soltou-a e falou em seguida:

"Tu faz assim: puxa a fumaça, segura dentro da boca, suga para dentro do corpo, mas não respira de volta." E assim fiz, na primeira tentativa me engasguei. Porém, na segunda, eu já estava com os dedos eretos e cabeça erguida, soltei a fumaça para o alto. Ela olhou para mim admirada e disse:

"Arrasou, viado!"

Acho que era a tradução de "*a wunder ox*" para o português. Caí na gargalhada olhando a cara dela.

Nessa época, eu não falava com Dayse e Estelina, mas Dandara falava muito bem delas para mim.

Ela dizia que elas "arrasavam", que eram lindas. Anos depois, soube por elas que ela falava a mesma coisa para elas a meu respeito. Enfim, ela nos admirava.

*Dandara usava o termo "as meninas" para se referir à Estelina e Dayse.

Do outro lado das unhas

No início de 1992, eu estudava no Colégio Estadual Liceu do Ceará, era uma escola tradicional, fundada em 1845. Localizava-se na Praça Gustavo Barroso, no bairro Jacarecanga em Fortaleza. O Liceu, como chamávamos, era o 5º colégio mais antigo do Brasil. Conseguir uma vaga para estudar no Liceu era uma tarefa difícil para os pais. Minha mãe dormiu lá para conseguir reservar a tão esperada vaga.

A farda era uma saia azul de pregas, com duas fitas de cor "bege" na ponta. A blusa era branca de botões e com emblema da escola. Eu amava estudar no Liceu, subir aquelas escadas com sapatinho "cara de bebê", era um sapato de colegial Vulcabrás preto. Lembro que, nessa época, foi o lançamento do filme *Ghost - Do outro lado da vida*. Foi uma tarde em que muitos alunos gazearam[1] aula para ir assistir ao filme que estava em cartaz no Cine São Luiz[2].

Foi numa dessas matanças de aula que levei o maior susto da minha vida. Estávamos os amigos do Liceu, na fila para entrar no cinema, quando senti aquela unha enorme e pontuda quase furando minhas costas. Quando olhei para trás para ver quem era, quase tive um infarto. Era minha mãe. Fiquei nervosa e apreensiva.

Ela então perguntou o que eu fazia ali.

"Faltou aula para vir para o cinema, bichinha?"

Respondi:

"Não. Hoje o professor faltou."

Claro que sabia que ela nunca acreditaria nessa desculpa.

Dandara estava na outra fila, eu estava com minha turma de escola, ela estava com a turma dela. Corri para onde ela estava para contar e saber o que iria fazer, pois certamente eu levaria um castigo daqueles peculiares de "Francisca".

Ela disse:

"Tu tem dinheiro aí?"

Falei:

"Tenho um pouco."

Eu tinha juntado o dinheiro da merenda e não comia nada na escola. Guardava para usar nas minhas necessidades de moça/mulher.

Ela disse:

1: Matar aula. 2: O Cineteatro São Luiz, popularmente conhecido como Cine São Luiz ou Cinema São Luiz, é um cinema e teatro brasileiro, localizado no Centro da cidade de Fortaleza, no Ceará.

"Vá nas Lojas Americanas e compre um presente para ela, domingo é dia das mães, você dá para ela o presente antecipado, aí ela não vai brigar com você!"

E continuou a falar como fazia com sua mãe:

"Quando brigo com Ronaldo, mulher, minha mãe corre atrás de nós dois com chinelos na mão para nos bater, corremos mais do que ela e no caminho mesmo fazemos às pazes, e sabe o que a gente faz? Ronaldo para numa 'mercearia' e compra cigarros para ela. É infalível, ela nunca briga com a gente!"

E assim fiz, porém apesar de nossas mães possuírem o mesmo nome, pode ter certeza que não tinham a mesma metodologia nos castigos. Ou seja, me lasquei. Naquela tarde após o cinema, mesmo com medo assisti, ao filme.

Conheci meu primeiro namorado vendo *Ghost*. Ele se chamava Washington. Era moreno, alto, lábios carnudos, olhos expressivos, também estudava no Liceu. Trabalhava na equipe do EME SOM. Dandara, quando soube do início do namoro, disse:

"Mona, ele parece o Eduardo Moscovis."

E parecia mesmo.

Eles se tornaram amigos, tanto Washington gostava dela, como Dandara tinha carinho por Washington. Namoramos por três anos, e nesse tempo Dandara sempre acompanhou nosso namoro, até quando terminamos, ela foi meu maior apoio.

Foi nesse período de namoro que comecei a sair à noite. As festas do EME SOM eram esperadas pelos jovens do Conjunto Ceará. Lembrando que Dandara e a turma da Dona Esmeralda já eram frequentadores assíduos das festas do Conjunto Ceará. Minha mãe não deixava eu ir, sempre ia escondido.

Eu ficava acompanhada na festa com os meninos que trabalhavam no EME SOM e Dandara ficava com as meninas. Na hora de dançarem, eu a avistava dançando de longe e, nas músicas melhores que eu e ela gostávamos, corria para dançar com ela.

Meninos não choram!

Lembro de um dia tocar a música "Boys Don't Cry", da banda The Cure. Ela simplesmente amava essa música. Nunca pensei que a música preferida da minha amiga seria relembrada quando ocorreu a tragédia. Ela não era aquilo que as pessoas falavam ao seu respeito, ela ainda era pra mim aquele menino loirinho de cabelos cacheados que conheci no parquinho do UV9. Lembro-me dela, que chorava no vídeo. Mas naquela hora de tamanha dor, não era meu amigo loirinho que chorava, ela era uma menina, era a menina Dandara que chorava pedindo para que chamassem seu pai.

Enfim, quando essa música tocava, eu a ouvia gritando e gesticulando em direção a Dayse, chamando-a para dançar. Ela vinha correndo e as duas dançavam juntos o repertório preferido da festa, o House e Funk Melody (sucesso na década de 90).

Eu sempre olhava admirada para Dayse. Não éramos amigas, mas nos cumprimentávamos, mal sabíamos que anos depois, nós nos tornaríamos melhores amigas. Foi uma grande peça que a vida me pregou. Acho que já estava no "script" da vida essa amizade.

Quando viajo no tempo para esse dia da música "Boys Don't Cry", é como se estivesse vendo Dandara dançar, lembro a roupa que usava naquele dia. Era a calça vermelha, a camisa baby look que outrora falei. Ali foi o auge da nossa juventude. Eu namorando e ela se descobrindo, feliz, dançando, rodeada de amigos. Foi um tempo fantástico! Cada uma tinha sua tribo. Porém, morávamos na mesma ilha, e ela era paradisíaca!

Nós não éramos mais tão inocentes, mas ainda jovens.

As descobertas

Nas noites de descoberta e curiosidades de juventude, Estelina e Dandara conheceram a tão falada maconha. Na época, elas experimentaram e de cara gostaram. Passavam noites conversando, e logo Dayse entrou para o trio também.

Conversavam horas à noite usando maconha, rindo alto e, ao mesmo tempo, relaxando.

A influência musical da década de 90 trazia em suas letras algo sobre as drogas e despertava no jovem curiosidade para o uso.

A maconha era um sedativo para a galera. Ela os deixava calmos.

Dandara era ansiosa, meio inquieta, mas não apenas a maconha que a acalmava. Tão logo conheceu uma pessoa no bairro da Jurema, lhe apresentou o "artane" (muito conhecida por aranha no Ceará), que é um tranquilizante potente e com efeitos alucinógenos.

Era a droga que ela gostava. Foi nesse período que as bandas de rock vieram fazer shows em Fortaleza. A turma de Dandara adorava assistir aos shows. Primeiro Estelina e Dandara tomavam uma banda do comprimido e depois seguiam para o show.

A letra da música dos Engenheiros do Havaí dava vida ao que sentiam quando estavam sob o uso de alucinógenos.

Elas cantavam:

"Eu presto atenção no que eles dizem, mas eles não dizem nada". Nesse dia, foram ao show do Titãs no famoso Ginásio Paulo Sarasate.

Geralmente, iam com a turma do comercial dos anos 90, Dayse, Júnior, Dany, Jota, Estelina, Xandy, Dandara e Nando.

Dayse era a cabeça da turma, organizava tudo, horário e lugar para se encontrar, ela encontrava seguranças do evento que moravam no Conjunto Ceará e os convencia a colocar todos de graça no show. Assim, todos entravam sem pagar nada.

Eles eram sinônimos de curtição, boemia, sem nenhum peso de responsabilidade. Ninguém queria saber de emprego e estudos.

Aquele momento era tudo que tinham, agarravam-se a isso que os fazia vivos, felizes e livres.

A Loira do Tchan

Certa vez, foram ao show do Kid Abelha, também no Ginásio Paulo Sarasate.

Nesse dia, a turma chegou atrasada ao ginásio, os portões já haviam fechado. Dayse então falou:

"Nós temos que entrar, pessoal. Vamos afastar essa cerca e puxar para entrar por baixo."

Então eles concordaram com sua mentora para assuntos de shows e entrada gratuita. Afastaram a cerca de proteção e acesso ao ginásio. Dandara foi a primeira a entrar no buraco, olhou para o lado que estavam os policiais e colocou a mão na boca, roendo as unhas, ela morria de medo de polícia. Mesmo assim, logo passou rastejando como uma cobra pelo buraco que fizeram.

Dayse foi a última, e aquilo que tinha mais belo a atrapalhou naquele dia. Sua bunda não passava pelo buraco, ficou presa pelo traseiro. Ela se desesperou e pediu ajuda, quando olhou para seus amigos estavam todos rindo de forma incontrolável.

Então, ela falou:

"Vocês podiam me ajudar? E não ficarem rindo?"

Dandara e Júnior puxaram Dayse pelas mãos e conseguiram desengatar a bunda de Dayse e, assim, assistiram à Paula Toller cantar naquela noite.

Foi uma época de muita curtição, a turma de Dandara e as meninas foram para todos os shows de rock que aconteciam no cenário musical da década de 90 em Fortaleza. Grande parte dos shows ocorria no ginásio Paulo Sarasate. Porém, um especificamente não ocorreu no Ginásio e este ficou marcado para eles.

A banda RPM se apresentou na casa de shows Obá Obá, na Avenida Washington Soares em Fortaleza.

Nesse dia, saíram todos para o show e novamente Dayse conseguiu colocar todos para dentro do ambiente.

Ao terminar a apresentação, a banda foi para o camarim. Dessa vez, foi Dandara que convenceu os seguranças para que Dayse entrasse no camarim e falasse com seus ídolos. Logo Dayse estava conversando e rindo ao lado de Paulo, Ronaldo e Fernando de Luke. Tudo graças ao bom papo de Dandara. Depois da tietagem de fãs, todos retornaram para casa ouvindo o que Dayse relatava sobre seu encontro.

Em casa, diariamente, Dandara e as meninas ouviam muita música, enquanto cozinhavam e conversavam. Ela sempre teve esse hábito. Quando ficava na minha casa fazendo faxina ou na cozinha, colocava música nas alturas e cozinhava cantando (um pouco antes da tragédia).

Ela tinha uma lista de músicas, dentre elas Dancing in The Dark (Bruce Springsteen), Believe (Cher), Girls Just Want to Have Fun (Cindy Lauper), La isla bonita (Madona), Karma Chameleon (Culture Club) e uma especial do Timbalada "Levada no Timbal" e, sem esquecer, Boys Don't Cry que já falei. Ela amava essas músicas, dançava ao som de todas, ela se realizava.

Muitas delas foram apresentadas por Dayse, e ela depois selecionava as melhores, segundo o seu gosto.

A turma de Dandara e das filhas de Dona Esmeralda passavam por fases, uma época estavam nas festas do "EME SOM", outra nos shows de rock, tempos depois estavam no "Reggae", na barraca Biruta, localizada na Praia do Futuro, em shows da banda "Rebel Lion".

Dandara era disposta, prestativa. Nunca dizia não. Se Estelina estivesse em casa sem fazer nada, olhava para sua amigona e dizia:

"Estou com vontade de ir para Praia de Iracema, Dandara."

E logo ela respondia:

"Eu topo na hora."

Saíam sem um centavo, sentavam na Ponte Metálica, localizada na Praia de Iracema, um cartão postal de Fortaleza. Ficavam lá a tarde toda, admirando o pôr do sol da capital cearense.

Não faltava quem logo as oferecesse maconha ou algum comprimido. Na época era tudo fácil, nunca gastavam dinheiro com drogas ou bebida. Sempre havia um facilitador, alguém que incentivasse ao uso.

Dayse deixou de trabalhar para ficar saindo e curtindo com a galera. Adoravam acampar nas praias, saíam de Fortaleza de carona, Dayse, Estelina e Dandara armavam uma barraca e ali passavam dias.

Numa dessas saídas de aventuras, ficaram quinze dias na praia da Taíba acampadas. Logo fizeram amizade com nativos e surfistas e só foram embora quando pensaram em Dona Esmeralda. Ela deveria estar preocupada com a loucura de juventude de seus filhos.

Era a vida que queriam, de frente para o mar, saboreando a natureza e a liberdade.

No início de 1993, Estelina já namorava Xandy há três anos e engravidou.

Contudo, não abandonavam suas "diversões".

A seleção de ouro

Um pouco antes, a Seleção Brasileira Masculina de Vôlei conquistou a medalha de ouro nas olimpíadas de 1992, em Barcelona. Não demorou e o esporte chegou às periferias e passou a ser, depois do futebol, o segundo esporte mais jogado nas ruas. A Era da seleção de ouro, os jogadores eram Tande, Marcelo Negrão, Paulão, Carlão e Maurício.

No Conjunto Ceará, não foi diferente. As ruas eram cheias de rede e bolas de vôlei. Armávamos a rede de um poste para outro na rua e logo lotava de jovens. Jogávamos com trio, uma mistura de homens e mulheres.

Na minha rua, jogávamos todos os dias e principalmente fins de semana. Às vezes, passávamos o dia inteiro, estávamos no verme* de jogar.

Dandara jogava um bolão, sempre fazia trio comigo e outra pessoa. Tanto brigávamos quanto jogávamos. Nas partidas não havia juiz, pois isso dava sempre confusão. O juiz era o grito.

Lembro-me de que, em um desses dias, um menino da outra rua veio jogar conosco. Ele ficou no time que jogou contra nós. Nesse dia teve uma confusão danada.

*Expressão utilizada para dizer que alguém está viciado em fazer alguma coisa.

O nome dele era Doriele. Infelizmente não está mais vivo, faleceu anos depois.

Doriele era metido a valentão, arranjou uma discussão e quis brigar com os meninos do meu time, e nele incluía Dandara. Lembro que ele saiu correndo, Dandara deu um chute, eu peguei um pau no chão e saímos correndo atrás dele. Botamos o valentão para correr e nunca mais ele quis jogar conosco. Lógico que Dona Francisca nunca soube deste feito dos justiceiros da Rua 924.

Não demorou muito para Dandara jogar vôlei com as meninas. Elas jogavam próximo à Avenida "C", lá era mais profissional, jogavam na quadra da Avenida, mantinham a formação original de vôlei. Elas eram jovens, mas "conceituadas", e incluía a turma de Dayse. Eu nunca fui jogar lá, minha mãe jamais deixaria.

Lá jogavam a mesma turma dos shows e noitadas de Dandara e as meninas. Durante os jogos, Dandara conheceu o único gay assumido que morava no Conjunto Ceará. O nome dele era Yokanan. Era alto, cabelos longos, mais velho que todos, jogava vôley profissionalmente. Durante toda sua fase de descoberta de identidade, Dandara teve Yokanan como uma referência. E essa referência durou muitos anos.

Um casal estranho

Próximo ao carnaval, Dandara e sua turma combinaram de passar o feriado na cidade de Tabuleiro do Norte, localidade a 211km de distância de Fortaleza. Fortaleza nunca foi festiva para carnaval. Geralmente, íamos para outras cidades mais afastadas da capital cearense.

E assim Dandara, as meninas e sua turma saíram. Foram para estrada e começaram o que sabiam fazer muito bem, pedir carona. Seguiram todo percurso de carona. Estelina e Dayse eram as iscas, elas paravam carros, tipo caminhonete, e perguntavam ao motorista se ele podia dar carona. Logo o motorista perguntava quantos eram, e elas respondiam:

"Somos sete pessoas."

O motorista olhava espantado, pois pensava que eram apenas as duas loiras, mesmo assim mandavam subir e os levava até a próxima cidade. Lá desciam e começavam tudo de novo rumo a Tabuleiro.

Chegaram em Tabuleiro já quase à noitinha, fizeram amizade e rápido arranjaram local para ficar todos os dias de festa.

Era uma sexta feira de carnaval, tomaram banho, comeram algo e foram para a praça da cidade, lá o carnaval já havia iniciado.

Celiana estava com eles na aventura, ela era lésbica. Lembram que falei que ela teria uma relação estranha com Dandara? Pois é, ela na época já era assumida, mas havia algo intrigante entre as duas.

Naquela sexta-feira de carnaval, o repertório era as músicas do cantor "Xexéu" do grupo baiano Timbalada. Naquele dia, tocava a música "Levada do Timbal". As duas, Celiana e Dandara, dançavam em coreografia, como sempre, chamavam atenção dançando. Já estavam "altas" da bebida. Celiana e Dandara quando "tomavam umas" acabavam sempre na cama. No outro dia, quando passava o efeito do álcool, Dandara sempre dizia:

"Ai, ai, ai, passei a noite fazendo sabão!"*

As duas tinham necessidades e, talvez na dificuldade, recorriam à velha amizade.

O carnaval de Tabuleiro foi fantástico para eles. Fizeram como sempre faziam em todo lugar, divertiram-se muito.

Duplo nascimento

Em 1993, Estelina engravidou de Xandy. Ela era novinha, tinha apenas dezoito anos e logo se tornaria mãe. Dandara, como sempre, amiga fiel e atenciosa, acompanhou toda a gravidez de Estelina. Contudo, mesmo a turma tendo uma componente com limitação de locomoção, não pararam de curtir e se divertir, continuavam com a rotina.

Em outubro de 1993, estavam todos na casa das meninas, ouvindo música e bebendo. Havia um convidado nesse dia, era Walter, um amigo distante.

Estelina, nesse dia, também bebia, já estava acostumada com os efeitos do álcool. De repente, Estelina sentiu uma dor, Dandara logo observou, olhou para sua amiga e disse:

"Que foi, Teté? Não me diga que é o que estou pensando."

Estelina ficou muda, fez cara de dor. Dandara correu, ficou perto de Teté, como ela a chamava carinhosamente, e Walter foi logo ligando seu carro. Era um Gol com rodas largas e equipamentos de som no porta-malas. Saíram todos às pressas para o hospital e maternidade Walter Cantídio em Fortaleza, um hospital público federal no bairro Rodolfo Teófilo.

Ao chegarem na maternidade, foram à recepção. Estelina nesse momento já não aguentava de tantas contrações, elas estavam cada vez mais intensas e em curto espaço de tempo. As enfermeiras a atenderam e logo a levaram para a enfermaria. No quarto do hospital, havia uma

*Expressão utilizada quando se quer dizer que duas mulheres fazem sexo.

janela que dava para ver as pessoas na rua. Estelina não podia se levantar, porém ouvia tudo que estava acontecendo nos arredores de seu quarto. Quando esperava para ir à sala de parto, Estelina ouviu, vindo do carro do Walter, sua música favorita. Como sempre, a trilha sonora de nossa juventude. Tocava a música *Sereníssima* da nossa querida Legião Urbana, acho mesmo que a música era a cara de Estelina com toda sua insanidade de juventude. Porém, naquele momento único na vida de uma mulher, o equilíbrio estava chegando para Teté, afinal ela iria ser mãe.

Lá embaixo tocava:

"Sou um animal sentimental me apego facilmente ao que desperta o meu desejo, tente me obrigar a fazer o que não quero e cê vai logo ver o que acontece."

Passava um filme na cabeça de Estelina. Ela ouvia os gritos de Dandara lá embaixo.

"Teté! Eu te amo, vai ficar tudo bem."

Estelina se emocionou com a declaração da amiga, irmã, parceira e agora titia de sua filha. Ela a deixava mais calma, ela era uma menina que logo daria luz à outra menina.

Era a sobrinha de Dandara que estava nascendo, a filha de Xandy, o amor de Estelina, e Dandara sabia que tinha uma participação nesse feito.

Teté deu à luz em um parto normal no dia dez de outubro, sem complicações. Outubro é marcado por datas especiais e, coincidentemente, o destino nos cruza em relação aos nossos filhos.

Quando me aproximei de Dayse e nos tornávamos amigas, percebi essa alegre coincidência.

Meu filho mais velho, Nícolas, é do mês de outubro, o filho de Dayse também. Estelina teve inicialmente dois filhos e ambos também são de outubro.

Acho que o mês da criança nos acariciou com sua inocência, como sempre digo com muita propriedade, éramos todos inocentes e sem maldade.

A gerente de Seu Orlando

Nesse período, minha família passava por uma difícil situação financeira. Meu pai já não trabalhava mais no grupo Edson Queiroz. Porém, ele não tinha escolaridade e a profissão de chefe de cozinha passava por uma modernização. Antes, qualquer pessoa podia ser cozinheiro, independentemente do nível escolar. Na época, já se exigia o Ensino Fundamental e meu pai não sabia ler. Era um lutador. Diante dessa situação, meu pai passou a fornecer quentinhas. Ele havia trabalhado em uma loja de eletrodomésticos em Fortaleza e saiu de lá para fornecer quentinhas para essa loja de forma autônoma, e eu ajudava meu pai. A Pitoca de José sempre gostou de estar próximo dele, trabalhando.

O fluxo de entrega era alto, ele fornecia certa de 500 quentinhas por dia, e mais uma vez Dandara passou a frequentar minha casa todos os dias, como na infância. Meu pai tinha uns cinco entregadores, eles entregavam as quentinhas acondicionadas em uma sacola de palha em formato retangular. Como ele não possuía mais carro, pois teve que vender para pagar minha escola, seus funcionários entregavam de ônibus mesmo.

Dandara era a gerente dos entregadores. Ela que contratava os ajudantes. Por isso, trouxe seus irmãos Ronaldo, Silmara, Xandy e Keyla para ajudar também. Dandara me falava que achava engraçado "Seu Orlando" tomando uma cachacinha e preparando as quentinhas e chamando pela Pitoca dele.

"Pitoca! Pega aqui, vem fechar as quentinhas."

Certa vez, estavam todos os entregadores da família Bezerra* no ônibus e na molecagem, que era puxada por Dandara, quando derrubaram uma sacola de quentinha. Foi comida para todo lado no ônibus. Dandara voltou e contou o que houve para meu pai.

Ele estava enfurecido com o prejuízo e esbravejava com Dandara.

"Seu viado burro! Como fez isso?"

Dandara olhava assustada para meu pai e roía as unhas. Saiu do local onde meu pai fazia as quentinhas e passou por mim na sala. Eu não me meti, sabia que meu pai estava louco. Dandara passou por mim fazendo careta e sussurrou rindo:

"O velho tá doido, vai lá não." E saiu morrendo de rir.

Eles ganhavam dinheiro para ajudar em casa. Dandara adorava comprar suas "coisinhas". Ela gostava de perfumes bons, roupas da época. Ela me contava que escondia tudo para ninguém usar. Ainda morava com as meninas, a única diferença é que, naquele momento, Estelina era mãe.

*Sobrenome fictício, modificado para manter a privacidade da família.

Ela adorava ajudá-la com o bebê. Às vezes, ficava com a sobrinha para Teté sair de casa. Com o dinheiro que ganhavam, comprava também presentinhos para a filha de Estelina.

A estrada da turma começava a mudar. Os rumos não eram mais os mesmos. Estelina era mãe, Dayse já não namorava mais Jota, Celiana assumira mais ainda sua orientação sexual e tinha sua tribo, os meninos começaram a namorar outras meninas e Dany se casou com Nando. Mas em meio a tudo, uma incógnita nunca falada por Dandara: ela foi extremamente apaixonada por Júnior, irmão das meninas. Apenas os mais próximos percebiam o olhar, o cuidado e a discrição com ele. Fato que foi dito a mim pela própria Dandara, vinte anos depois:

"Ele foi meu grande amor!"

Aos poucos foram-se afastando, não por opção, mas surgiram outras amizades, outros desejos, outros sonhos. Dandara já era "gay assumida". Porém, apenas para os amigos e pessoas próximas.

Aos 18 anos ela tirou o bigode. Uma vez que, para ela, isso era algo que a identificava como alguém do sexo masculino. Achava que, ao atingir a maior idade, tinha domínio de sua identidade de gênero. Assim, naquele dia, morria o menino de cabelos cacheados e jogador de futsal.

O início da transformação

Em 1994, Dandara já tinha vinte anos de idade e, mesmo assumindo sua homossexualidade entre amigos e familiares, não teve coragem de assumir publicamente.

Conhecia todos desde criança, todas as famílias, seus amigos, professores, comerciantes e as próprias crianças que ela viu nascer e crescer. Tinha zelo pela comunidade, tinha respeito por mim, por Dayse, pelos seus pais e pelos nossos pais. Diferente do que todos pensam, ela nunca foi um homossexual "rasgado" ou às claras, era totalmente comedida e cuidadosa. Poderia brincar, ou fazer piadas, mas nunca ultrapassava o que ela considerava limite. Muita coisa relacionada à identidade de gênero feminino para ela ainda era desconhecida.

Certa vez, havia me falado que resolveu assumir devido à desilusão amorosa que teve nesse período de sua vida. Para ela, seu grande amor não correspondido trouxe mais determinação para compreender que era assim. Ela gostava de ser assim, era de fato gay e se apaixonara por um homem. Não entendia o porquê de seu amor ser algo abominável, algo reprovável. Até então, quando ela era apenas alguém alegre e brincalhona, com características e jeito de menina, era algo que trazia simpatia para todos no bairro. Mas quando se posicionava e mostrava que gostava de meninos, era motivo de reprovação. Ela mexia com a moralidade das pessoas, com a sexualidade conceituada pela sociedade, com padrões estes, muitas vezes, impostos pela conveniência e nem sempre pelo amor de duas pessoas. Mas mesmo assim, resolveu entender e respeitar a todos.

Dandara foi se afastando lentamente do convívio com as filhas de dona Esmeralda. Já não dormia mais lá com tanta frequência. Voltava aos poucos para a casa de sua mãe, que nunca gostou muito da mudança de sua filha para a casa de Dayse e Estelina. Ela achava que as meninas levaram Dandara para um mau caminho.

Naquele ano, arrumei meu primeiro emprego e também havia passado no vestibular para a Universidade Estadual do Ceará. Víamo-nos pouco. Eu saía de casa 5:30h e só retornava às 23:30h. Porém, aos finais de semana, colocávamos o papo em dia.

Ela, de forma gradativa, mudava de voz e vocabulário. Ensinava-me "gírias" peculiares de gays. Eu achava engraçado, todo dia ela tinha uma novidade no seu dialeto. Certa vez, chegou à minha casa em um sábado à noite. Estava furiosa e disse:

"Mulher, fizeram a 'elza'[1] no meu xampu e creme[2]! Fui usar e não tinha mais nada.

---

[1]: "fazer a elza" significa furtar/roubar no dialeto pajubá. [2]: No Ceará, antigamente, costumava-se chamar de 'creme' o condicionador de cabelos.

Olhei curiosa e gesticulei como se não estivesse entendendo. Ela respondeu, com aquela gargalhada peculiar, explicando:

"Mulher, 'elza' significa que levaram, roubaram, usaram sem minha permissão. Lá em casa é assim, tenho que esconder tudo."

Nossas conversas não passavam disto, dialeto e brincadeiras. E, assim, fora voltando à rotina da casa de sua mãe.

Keyla, a irmã mais nova de Dandara, já demonstrava muito antes dela que também era homossexual. Sua voz, unhas, olhar, andar eram mais afeminados que os de Dandara.

Ela era estudiosa, gostava de informática e foi uma das irmãs de Dandara que concluiu o Ensino Médio. A matriarca não se sentia muito confortável com o que percebia em Keyla. Vivia falando para Dandara cuidar da irmã caçula. Ela já sabia que Dandara na época havia assumido ser gay, mas Keyla, na cabeça dela, ainda era uma criança. Morria de medo de ver seu filho caçula sendo alvo de rejeição.

A mãe de Dandara não era muito satisfeita com a orientação sexual de suas três filhas: Silmara era lésbica, Dandara e Keyla eram gays. Ela não era preconceituosa, porém tinha muito medo de que seus filhos sofressem na rua. Contudo, Dandara nunca influenciou Keyla. Ela falava para a irmã não entrar nessa vida, falava que prometeu a sua mãe que não deixaria sua irmã virar gay. Somente ela sabia o que já tinha absorvido até ali, sobre ter se posicionado em relação a homossexualidade. Não queria ver sua irmã sofrendo e muito menos sua mãe.

A homossexualidade trazia conflitos, dúvidas e questionamentos. Dandara era uma adolescente cheia de sonhos e já provava as dores de ter assumido ser gay no seio de sua família. Seu pai abandonou sua família e deixou nove filhos para sua mãe criar sozinha. Era um homem com educação rígida e conservadora, que não conseguiu tolerar a orientação sexual de suas filhas. Ser gay não trazia apenas flores. Ser alegre e diferente não a tornava apenas querida. Mas, trouxe rejeições também. E definitivamente não queria ver sua irmã no meio de tantos problemas.

O encontro das duplas

Nas brincadeiras na Rua 924, Keyla conheceu Silvinha e Jorraina*, duas irmãs que também eram gays. As irmãs não moravam no bairro, haviam chegado na rua há poucos anos. Silvinha passou a ser a melhor

---

*Silvinha e Jorraina são travestis. Mesmo que na época ainda não tivessem passado pela transição, mantivemos seus nomes femininos em respeito à sua identidade de gênero.

amiga de Keyla. As idades eram próximas. Elas eram mais novas. As duas se tornaram confidentes e, entre tantas conversas, ambas revelaram que eram gays. Elas passaram a assumir publicamente, diferentes de Dandara, que ainda era muito discreta. Sua mãe culpava Dandara de ter influenciado sua irmã a seguir seu mesmo caminho. Silvinha e Keyla conversavam sobre gostar de meninos e não se importavam com os comentários que ouviam sobre elas.

Durante a transição* de Keyla, sua mãe sem entender muito, insistia para que ela namorasse uma menina que morava em frente à casa de Silvinha. Ela era linda, loira de olhos azuis.

Keyla, quando ainda estava na fase de transição de identidade, gostava muito de Ana Lúcia. Eram amigas, mas Keyla não sabia que sentimento nutria por ela. Contudo, esse namoro, como queria sua mãe, nunca aconteceu.

Enquanto Silvinha e Keyla se aproximavam cada vez mais, Dandara começava a andar na casa de uma vizinha de Silvinha. Ela andava com frequência na casa dela. Numa dessas idas, aproximou-se de Jorraina, irmã de Silvinha, e logo viraram mais que amigas, tornaram-se parceiras, em todos os sentidos. A princípio era apenas amizade, sem perceber foram ficando próximas, os papos e gostos eram os mesmos. A afinidade foi instantânea.

Dandara passou a andar com Jorraina para todos os lugares. Mais uma vez, foi acolhida e querida por outra família. A mãe de Jorraina e Silvinha adorava Dandara. Mas assim como a mãe de Dandara, também tinha muito medo pelas suas duas filhas. Jorraina também era gay. Porém, também tinha o mesmo cuidado e discrição de Dandara. Jorraina era um ano mais velha que Dandara, e Silvinha tinha a mesma idade de Keyla.

Algumas vezes, Dandara levava Jorraina na casa das meninas, Dayse e Estelina. Porém, elas não eram muito simpáticas com as novas amizades e opções de Dandara. Elas sentiam muita falta da presença dela em sua casa e criticavam sua mudança para a nova família. E sempre a questionavam:

"Ai, Dandara, agora tu só vive com essas tuas novas amigas."

Ela respondia:

"Amiga, elas são gente boa, acredite."

Tanto as meninas, quanto Dandara, foram percebendo que o grupo não era mais tão homogêneo. Haviam feito escolhas diferentes e não comungavam mais dos mesmos ideais.

*A transição neste momento era apenas comportamental.

Jorraina era tímida, retraída, diferente de Dandara que, era extrovertida e expansiva. Não tinham ideia do que queriam ser, estavam em transição, estavam construindo suas identidades. Tinham a cabeça no lugar, estavam deixando as coisas acontecerem naturalmente.

Conversavam sobre gostarem de meninos e sempre falavam que não virariam travestis. Gostavam de seus corpos, seus músculos e suas curvas masculinas. Porém, com o tempo, a ideia de mudarem o corpo foi ganhando força.

As duas novas amigas tinham necessidades sexuais e, assim como Celiana e Dandara, Jorraina e Dandara passaram a ter "algo" mais. Dandara era gay, mas ainda tinha gestos e corpo masculinos. Contudo, foi com todo seu carisma que fez Jorraina acabar se apaixonando. Ela ainda era um "boy" para Jorraina.

Trocavam confidências, roupas, sapatos e depois trocavam carícias.

Dandara era a ativa da relação, eram apenas desejos. Ambas vinham de desilusões amorosas. Jorraina fora apaixonada por um garoto loiro e de olhos verdes que morava no Mucuripe, muito parecido com Dandara. Porém, essa relação nunca aconteceu. Dandara vinha também de uma paixão já mencionada. Então, acabou acontecendo a transferência de afetividade para as duas.

Certa vez, Jorraina falou:

"Já que ninguém nos quer, a gente se vira entre nós."

Tudo acontecia longe dos olhares, quando não tinha ninguém em casa, muito menos a mãe de Jorraina e Silvinha. Jorraina foi durante alguns anos extremamente apaixonada por Dandara, e essa ainda mantinha um amor por Júnior.

Dandara confidenciava para Jorraina sua desilusão que, muitas vezes, ficava triste e chorava.

Certa vez, estava inconformada. Havia sabido que seu grande amor havia se casado e sofreu muito quando soube da união. Suas esperanças haviam morrido. Seu amor também estava morto para ela. Como consequência, Dandara subia degraus em sua travestilidade.

A amizade entre ela e Jorraina era regada de cumplicidade; além de dividirem confidências e segredos, dividiam também roupas e acessórios. As duas eram magras e de estaturas praticamente iguais, apesar de Jorraina ser um pouco mais alta, elas dividiam tudo: shortinhos, baby look, calças jeans coladas etc.

Porém, havia uma peça de roupa de Dandara que Jorraina amava: a sunga vermelha. A tal peça foi pivô de uma briga entre as duas. Jorraina amava Dandara e tinha ciúmes dela com outros "boys" ou mesmo "gays". Sempre que alguém diferente se aproximava, Jorraina questionava Dandara sobre quem era e o que queria. Estavam no polo de lazer do bairro; enquanto um garoto conversava durante horas com Dandara, Jorraina olhava, com raiva e morrendo de ciúmes. Quando a conversa acabou, Jorraina falou:

"Quem era aquele boy, Dandara?"

Que respondia:

"Ai, bicha! Deixa de besteira! Tu não sabe que sou igual a um pássaro? Sou livre, meu bem."

Dandara era rodeada de amigos e nem sempre estava falando sobre homossexualidade. Ela gostava de esportes, músicas e dança.

Nesse dia, as duas discutiram e voltaram para casa sem se falar.

Jorraina ficava triste e por vezes chorava em seu quarto. Ela achava que Dandara não gostava dela. Contudo, também não entendia que Dandara realmente era um pássaro com asas cortadas levemente, como as dos pombos que criava na adolescência. Ela sempre voltava para casa. Mesmo que demorassem dias.

Depois da briga, Jorraina tentou aproximar-se primeiro. Estavam havia alguns dias sem se falar. Dandara, quando se afastava de Jorraina, voltava a andar na casa de Dayse e Estelina. Portanto, Jorraina sabia onde achá-la.

No final de semana seguinte, Jorraina pediu para Keyla e Silvinha que fossem na casa das meninas e pedissem à Dandara aquela sunga vermelha que as duas adoravam. Era apenas uma desculpa para tentar se aproximar de Dandara.

Dandara viu Keyla e Silvinha baterem no portão e foi falar com as duas.

"Que foi? Aconteceu algo?"

Keyla respondeu:

"Não, só a Jorraina que tá te pedindo aquela sunga vermelha emprestada."

E Dandara falou:

"O quê? Diga a ela que venha aqui me pedir pessoalmente. Ela agora tem empregada, é?"

As duas retornaram e Jorraina estava na calçada, esperando. Ela achava que Dandara mandaria a sunga e tudo voltaria ao normal entre as duas. Porém, Keyla e Silvinha falaram que Dandara ainda estava com raiva.

Jorraina havia passado alguns dias triste, pois a amizade com sua amiga e paixão estava meio ruída.

Jorraina já havia morado no bairro do Mucuripe, na orla marítima de Fortaleza. Tinha amigos lá, sempre andava pelo bairro que nasceu, mesmo morando no Conjunto Ceará. Em virtude da briga com Dandara, resolveu passar um fim de semana pelo Mucuripe, com suas amigas de infância.

As velas do Mucuripe

O bairro do Mucuripe fica localizado na orla de Fortaleza. O bairro é uma junção entre a enseada e algumas comunidades de Fortaleza. O ponto culminante é a Ponta do Mucuripe, onde se encontra a comunidade do Serviluz.

O Mucuripe é uma mistura de classes, é possível ver de baixo do morro a paisagem da orla mais famosa de Fortaleza e seu contraste com os morros que a adornam.

As velas do Mucuripe ganharam o mundo quando Belchior apresentou a Fagner sua obra, e assim os dois firmaram uma parceria em uma das músicas mais emblemáticas dos dois artistas cearenses.

Jorraina chegou ao Mucuripe numa tarde de sábado. Lá possuía amigos de infância. Havia uma família que era seu porto seguro sempre que se encontrava com problemas. Siloé, Suian, Solange e Reginaldo eram todos irmãos e cresceram junto com Jorraina no Mucuripe. A garota chegou na casa dos amigos e falou com Suian, pedindo para ficar uns dias por lá. Jorraina cuidaria da casa de seus amigos e cozinharia.

No final de semana seguinte, Dandara resolveu ir atrás de Jorraina no Mucuripe. Ela estava sentindo falta da amizade e da companheira. Chegou à casa da família amiga de Jorraina e logo fez amizade com todos. O que era para ser apenas uma visita, a fim de fazer as pazes, acabou virando estadia. Ficaram morando pelo Mucuripe cerca de um ano. Cuidavam da casa e dos filhos de Solange. No final da tarde, Dandara descia para jogar bola na praia com os amigos da família, que passaram a ser seus amigos também. Foi uma fase saudável e divertida para a dupla de amigas em meio a diversões à noite e à admiração do pôr-do-sol visto do Mucuripe. Foi um tempo sem drogas, bebidas ou mesmo prostituição.

Suian tinha uma irmã de nome Siloé que tinha quinze anos, era linda, parecia uma modelo. Dandara sempre falava para todos ouvirem:

"Oh menina linda, se ela me quiser, viro homem!"

Suian sorria envergonhada.

Jorraina e Dandara costumavam dizer que eram a empregada e a babá da casa do Mucuripe.

Um ano depois, retornaram para o Conjunto Ceará e nesse momento, Jorraina foi trabalhar em uma casa na nossa rua, a Rua 924, também como doméstica.

A dupla seguia com seus passeios no polo de lazer e festas no Conjunto Ceará.

Dandara gostava de estar com Jorraina nas suas diversões pelo bairro.

Um amigo especial

A maneira "diferente" de Dandara confrontava os padrões da época. Em contrapartida, fazia com que alguns jovens em conflito com a sua orientação sexual se identificassem com a maneira de ser de Dandara, e assim, resolviam assumir sua homossexualidade. Porém, a maneira de ser de Dandara chamou atenção de alguém em especial.

Cândido era um menino com idade próxima à de Dandara, nessa época eles tinham aproximadamente dezoito anos. Ele morava na 2ª etapa do Conjunto Ceará. Era alto, branco, magro, cabelos loiros dourados com franja nos olhos, sardas no rosto, sorriso expansivo e muito extrovertido. Estudou nos melhores colégios do bairro, já havia concluído o Ensino Médio.

A avenida que Cândido morava era caminho para todos os jovens que seguiam para o polo de lazer do Conjunto Ceará.

Cândido já observava Dandara quando ela passava com as meninas há algum tempo. Achava o jeito de Dandara "o máximo", sempre vestida com sua calça vermelha e baby look revolucionárias para época.

Cândido era adolescente e também estava em fase de aceitação da homossexualidade. A adolescência é uma fase de experimentação e de conhecimento do próprio corpo erótico, cujas fronteiras se desenham dentro de certos quadros daquilo que as pessoas consideram ser "normal". Cândido sempre encontrava Dandara em locais que frequentava no bairro, mas nunca havia conversado com ela.

Na verdade, no Conjunto Ceará todos se conheciam, pois eram sempre as mesmas pessoas que frequentavam os mesmos locais.

Quando Dandara passava, Cândido admirava e, ao mesmo tempo, em meio a um particular turbilhão de conflitos, já sabia sua orientação sexual. Ele gostava de Dandara mesmo sem conhecê-la, era alguém que o entendia. Cândido percebia que eram semelhantes.

Cândido e Dandara tinham amigos em comum e sempre frequentavam os mesmos lugares no bairro. Até que certo dia, anos atrás, em uma das brigas que Dandara se envolvia para defender seus amigos, Cândido presenciou tudo de longe. Achou a atitude de Dandara encantadora, sempre valente e defensora das meninas e sua turma.

Essa briga, que falaremos em outro capítulo, ficou na memória de Cândido. Até que depois de tantos lugares comuns, acabaram se aproximando.

Era uma fase em que Cândido se afastava de seus amigos de rua e de colégio. Seus amigos haviam começado a namorar meninas, e ele acabou se sentindo excluído do grupo naturalmente.

A amizade e a aproximação com Dandara havia sido a melhor coisa de sua vida.

Entre pequenas conversas e vários encontros casuais, Dandara o convidou para ir à Rua 924 e lá conversarem.

Cândido aceitou o convite e, numa tarde, apareceu na rua. Dandara o levou à casa de Jorraina, tomaram café e passaram a tarde conversando. Tornou-se hábito Cândido ir todas as tardes para a rua de Dandara. Logo, Jorraina passou a ser sua amiga também. Eles formaram um grupo de amigos por idade. Keyla e Silvinha eram as mais novinhas. O outro grupo era formado por Dandara, Jorraina e agora Cândido.

O trio de amigos mais experientes conversava sobre tudo, desde filmes, esporte e músicas. Eles se entendiam, procuravam se ajudar e se uniram. Agora havia quem os ouvissem, sem julgamentos, sem preconceitos, sem terem que esconder seus pensamentos e sentimentos.

Cada um possuía problemas em casa, nenhuma das famílias gostava de que seus filhos fossem gays. Se em suas casas não podiam expor quem de fato eram e o que pensavam, agora possuíam um grupo em que falavam a mesma língua.

Os três costumavam tomar café juntos e depois assistiam à "Sessão da Tarde". Eles se divertiam, riam, e choravam juntos. Eram adolescentes sem pretensões do que exatamente queriam ou o que seriam. Estavam apenas sendo felizes. E ser feliz era o sonho de todos eles. Ser feliz do jeito que eram.

As meninas mais novas foram nesse período sendo excluídas das conversas. Dandara, Jorraina e Cândido mantinham um papo mais adulto, enquanto Keyla e Silvinha estavam iniciando no mundo limitado da prostituição.

Rua 924, a Rua das Bichas.

Saíam da casa de Jorraina e iam para uma calçada em uma casa na esquina da Rua 924. Era a casa de uma amiga de Jorraina. Lá, se reuniam no final de tarde até altas horas da noite. Gostavam da calçada na esquina da Rua 924 com Avenida H, devido na avenida existir grande fluxo de carros e ônibus. Eles brincavam com todos que passavam nos veículos, dançavam, se rebolavam, mandavam beijos para os passageiros homens dentro dos ônibus. Eram a atração dos ônibus que traziam trabalhadores retornando para suas casas. Os passageiros que não recebiam os beijos das "meninas da Rua 924" tiravam onda com aqueles que recebiam. Todos no ônibus riam alto das palhaçadas dos três diariamente. Dandara se destacava, ela era a mais atrevida. Encostava-se na parede da casa da Vania com a bunda virada para o ônibus, virava também a cabeça e fazia gestos sensuais. Os carros passavam, riam, mandavam beijos e, nessa brincadeira, diariamente minha rua ganhava fama no bairro.

A Rua 924 ficou conhecida como a "Rua dos viados". Era a dupla de irmãs e o convidado, Cândido.

Sempre que alguém me perguntava onde eu morava, respondia:

"Moro na Rua 924."

Sempre ouvia de volta:

"Mora na Rua dos viados."

E assim, minha rua virou uma das mais famosas do bairro.

Cândido percebeu que Jorraina era louca de ciúmes de Dandara. Eles saíam juntos para beber, dançar, jogar bola na quadra do Colégio Marinheiro Popeye e sempre presenciava as brigas de ciúme.

Dandara não ligava, só ria de tudo.

Vez por outra, jogavam bola na quadra do colégio Marinheiro Popeye juntamente com outros meninos não gays. Jorraina ficava na torcida, gritava e pulava quando Cândido e Dandara faziam gols. Cândido e Dandara sempre eram respeitados como atletas. Contudo, quando havia campeonato de futsal, os três ficavam na torcida, era o dia que mais faziam sucesso. Os times de futsal pediam para que os três ficassem na torcida de seus times. Era barulho e diversão garantida.

As aventuras do trio colorido

Certa vez, houve uma festa na quadra do Colégio Marinheiro Popeye. O filho do dono da escola era torcedor do time de futebol Fortaleza, suas cores são azul, vermelho e branco. O time adversário era o Ceará, e suas cores são preto e branco. Nesse dia, a festa era da torcida organizada do Fortaleza. Dandara, Cândido e Jorraina planejaram a semana inteira irem para essa festa. No dia, vestiram roupas brancas e seguiram para o baile. Ao chegarem à recepção da festa, foram barrados pelos organizadores e pela torcida do Fortaleza. Estes questionaram a cor de suas roupas, queriam que todos trocassem de roupa, pois a cor branca era a cor predominante do time adversário.

Dandara foi a primeira a fazer aquele escândalo e disse:

"Nem morta vou trocar de roupa, querido."

Jorraina intermediava e falava:

"Vamos, bicha, lá em casa tem outras roupas, eu empresto pra vocês."

Cândido, sempre se posicionando sobre aquilo que para ele era um absurdo, falava:

"Como assim? Vocês querem que a gente vista a roupa da cor que vocês querem? Jamais, meu bem!"

Quando de forma repentina veio um rapaz lá de dentro. Ele era alto, musculoso e estava vestido com a camisa do time dono da festa, e então disse:

"Ou as gatas trocam de roupa, ou vão levar uma surra se entrarem assim."

Dandara olhou admirada para o tamanho do homem, que mais parecia um guarda-roupas de seis portas, e saiu correndo com Cândido e Jorraina para vestirem outras roupas.

Ao retornarem com as cores exigidas, o organizador da festa falava ao microfone:

"Vêm chegando aí as gatas do Conjunto Ceará, pessoal."

E o trio se divertiu e dançou como nunca, sem sequer lembrar que cores estavam usando.

Também nessa época gostavam de andar na Jurema. Dandara sempre foi muito conhecida na Jurema. Lá, assim como no Conjunto Ceará, havia quadrilhas em períodos de festa junina. Havia campeonatos de bairros que formavam grupos de dança de quadrilhas. A organização sabia que Dandara e seus amigos gays gostavam muito de dançar e por isso os chamavam para serem juradas do campeonato.

O trio sempre estava envolvido com música, esporte ou danças. Mas foi em um bar, na avenida próxima à casa de Cândido, que viveram as mais felizes histórias de sua época.

O bar chamava-se "Jequitibar". Funcionava sábado à noite, com música e bandas de pagode. Era época ainda do famoso grupo baiano "É o Tchan".

Lá, elas dançavam e extravasavam. Treinavam coreografias das músicas na casa de Jorraina, conversavam sobre que roupa usariam no dia do pagode. Começavam a planejar sua ida ao bar na segunda-feira.

Dandara brincava, dizendo:

"Bicha, hoje vou fechar o tempo, vou com aquele shortinho branco."

Cândido gostava de se vestir como Dandara e Jorraina, para ele não havia graça usar suas roupas de marcas de surf, típica de garotos da época. E falava:

"Arranja um desses pra mim, que também vou igual a vocês."

Jorraina logo entrava na conversa e dizia:

"E tu vai ser quem? Porque já tem a morena e a loira do Tchan."

Eles vestiam pequenos shorts e mini blusas, mas ainda não se vestiam totalmente de mulher.

Cândido era o mais engraçado, adorava "chocar", ser contrário aos padrões, era o que mais se aborrecia com piadas relacionadas à homossexualidade dele e de suas amigas.

Na época, ainda década de 90, no bairro não existia homossexuais assumidos e principalmente andando em grupos como "guetos". O trio, quando andava junto, era motivo de todos pararem para olhar, e cada um fazer sua própria piada com as meninas. Mas existia uma piada que era unanimidade entre os homens naquela época. Quando Cândido e suas amigas desfilavam nas ruas do Conjunto Ceará, sempre ouviam os gritos dos homens:

"'PÊI'"

Era um som simulando um tiro e em seguida outra pessoa, próxima de quem emitiu o som, falava:

"Matou, agora tem que comer!"

Dandara e Jorraina nunca se importaram com essa brincadeira, que na verdade era uma forma de bullying na época. Contudo, Cândido se incomodava e nunca gostou da piada, que para ele era ridícula.

Imaginem um homossexual nos dias de hoje transitar em Fortaleza e ouvindo vários "pêis" durante horas ininterruptas?

Eles andavam em grupos também como forma de proteção e não deixavam que ninguém os ofendesse. Até então, o tal "pêi" era apenas uma brincadeira de pessoas que não os enxergavam como pessoas normais.

Eram vistos como seres estranhos, ainda não se vestiam com roupas de mulheres, mas eram completamente femininos no jeito de andar e falar.

Em uma dessas saídas para o pagode do "Jequitibar", chegaram, dançaram e se divertiram muito, ao intervalo das músicas, ficavam na ponte do canal da Avenida C. Ficavam fumando, conversando e rindo. Nesse dia, uma turma de meninos de outro bairro, com aparência de "playboys" da época, passou sobre a ponte e um deles soltou a célebre frase:

"Oh, viado feio!"

Dandara, como sempre defensora de seus amigos, rapidamente indagou:

"Que você falou?"

E o rapaz, sem saber que Dandara para defender seus amigos ficava mais "valente" do que todos eles juntos, repetiu:

"Bando de viado feio."

Só foi fechar a boca e Dandara logo começou aquela briga que sempre vencia. Cândido olhou e rapidamente entrou na briga também. Parecia aquelas lutas de "Telecatch"*, exibidas na TV na década de 80. Quando Cândido percebeu, não sabia se ria ou chorava. Dandara jogava um dos garotos playboy no canal, ponte a baixo. Aquilo ficou registrado para todos no bar que assistiam à briga e gritavam:

"Vai, viado, arrasa!"

A torcida estava formada.

Jorraina não participou da briga, mas pegou os pertences dos garotos, incluindo a moto e jogou dentro do canal. Os outros amigos do rapaz saíram correndo e nunca mais voltaram ao pagode.

Os três amigos retornaram ao pagode e voltaram a dançar como se nada tivesse acontecido.

Naquele dia, disseram entre eles:

"Nunca mais vamos deixar ninguém nos desrespeitar."

*Telecatch foi um programa de televisão criado na extinta TV Excelsior Rio de Janeiro, dedicado à exibição de combates de luta-livre que combinavam encenação teatral, combate e circo.

Ganhando confiança

A briga do bar Jequitibar trouxe para Dandara outro fã. Diego era um adolescente também em fase de aceitação da homossexualidade. Virou fã de Dandara, achou a atitude dela encantadora e, a partir daquele dia, começou uma amizade com Dandara.

Diego era mais jovem que o trio, e Dandara o aconselhava sobre como se portar e com quem andar a partir de sua aceitação como gay.

Foi no Jequitibar, assim como na brincadeira na calçada da esquina da Rua 924, que começaram as primeiras paqueras. Jorraina era a mais tímida, mas foi a primeira a ter uma experiência sexual com meninos. A calçada os mostrou que existiam homens que se interessavam por elas e eles. Fato que os tornou mais confiantes. Elas passaram a perceber que não eram "um ser de outro planeta". Eram desejadas e paqueradas. Isso lhes trouxe confiança e determinação.

Passaram a sair com os paqueras que passavam na avenida e com rapazes da nossa rua também. Muitos eram casados ou com namoradas, acima de qualquer suspeita. As meninas sempre foram discretas com tais segredos, que sempre foram guardados a sete chaves entre elas.

Aos poucos, foram soltando-se mais, já acreditavam que poderiam ser aceitas, até pelos homens, afinal já tinham até pretendentes a namoro.

A prostituição

As irmãs de Dandara e Jorraina eram mais ousadas, começaram a se vestir com roupas menores e resolveram fazer programas como gays na Avenida Beira Mar, um ponto turístico de Fortaleza.

Silvinha e Keyla voltavam da Beira Mar e contavam suas experiências com o mundo novo.

A prostituição as seduzia, todos os desejos que não conseguiam realizar nas suas vidas normais realizavam com a prostituição.

Elas sempre foram mais decididas do que a dupla Dandara e Jorraina. Quando iam à Beira Mar, as irmãs mais novas ainda não se vestiam de mulher, mas tinham roupas um pouco afeminadas. Saíam de casa de ônibus e retornavam também de ônibus. Quando chegavam, Dandara estava com Jorraina, tomando café em sua casa. Elas chegavam e contavam como tinha sido a noite. Dandara ouvia, ela gostava das histórias, por vezes engraçadas, e às vezes excitantes.

Falava para Silvinha:

"Conta mais, bicha."

E Silvinha contava de seus programas com diversos clientes com riqueza de detalhes. Jorraina sempre trabalhou em casa de família, como doméstica ou cozinheira. Nesse período, trabalhava na casa de uma jovem senhora na nossa rua. Talvez, por ter profissão, não entrou logo para a prostituição. Ela foi a que mais demorou a optar por este caminho.

Dandara ensinou muita coisa à Jorraina. Falava para ela ser mais "desenrolada", mais esperta, que aprendesse a se comunicar e ser mais extrovertida. Ela era extremamente tímida, e ser uma homossexual tímida não combinava em nada para Dandara.

As duas ficavam juntas 24 horas. Jorraina era louca por Dandara, por seu carisma, seu companheirismo, sua alegria em viver. Era sua marca, sempre estar feliz.

Continuava saindo poucas vezes com as meninas, Dayse e Estelina, mudaram um pouco os ambientes. Gostavam de ir para as noites na Praia de Iracema e para o tão falado "Pirata", uma casa de show frequentada por turistas em Fortaleza.

Nessa casa de show, fizeram amizade com algumas meninas que faziam programa de luxo e Dandara passou a fazer programa como "michê".

Ela tinha o corpo bonito e atlético, por isso fazia sucesso entre os homens e mulheres. Ninguém na rua sabia de sua nova ocupação, muito menos sua mãe. Cândido sabia, mas nunca gostou de ver as meninas se envolvendo em programas. Dandara fazia programas de forma muito velada, saía apenas por indicação de outros clientes.

Eram geralmente "gringos" que passavam férias em Fortaleza e mulheres casadas que queriam provar algo novo fora do casamento. Assim, foi ganhando dinheiro e gostando também da vida dupla.

Dandara deixou novamente o bigode e a barba crescerem, pois queria ficar com aparência masculina, já que sua profissão estava dando lucro.

Ao mesmo tempo, Silvinha e Keyla continuavam fazendo "ponto" na Avenida Beira Mar. Jorraina foi a que mais demorou a adentrar na prostituição. Ela tinha profissão e não era seduzida pelo dinheiro.

Silvinha e Keyla decidiram se "hormonizar" para obterem um corpo mais efeminado.

Muitos homossexuais quando querem ficar com corpo mais feminino injetam anticoncepcional à base de progesterona. Por consequência, têm seus seios crescidos e curvas efeminadas.

Keyla e Silvinha tomavam um contraceptivo chamado Perlutan. Elas aplicavam em uma farmácia no bairro. Gradativamente, passaram a ter pequenos seios e curvas femininas.

Keyla fazia muito sucesso na prostituição. Era desinibida, persuasiva e por isso fazia muitos clientes. Entre elas, comentavam que o sucesso de Keyla com seus clientes era devido ao tamanho de seu membro sexual. Na prostituição, quanto maior o órgão genital masculino, maior o número clientes.

Aos poucos, Keyla e Silvinha iam ganhando aparência de mulher. Elas usavam roupas menores e até já estavam usando maquiagem e salto alto.

Dandara olhava tudo aquilo, comentava com Jorraina e Cândido que as irmãs estavam se precipitando, e dizia:

"Bicha, elas tão ficando doida. Depois não tem volta, não tem como voltar atrás. Tem que ter cautela."

Jorraina também concordava:

"Você tá vendo, não quero isso pra mim não, quero continuar com meu corpinho."

Dandara falava que não queria se "transformar".

Aos poucos, devido à sua amizade com Cândido, Dandara foi deixando de fazer ponto como michê e voltara a se divertir pelo bairro com os amigos. No fundo, Dandara não se sentia mais à vontade ficando com a aparência masculina, pouco a pouco ia mudando sua aparência de forma natural e sem atropelos.

Na rua, existiam na época passeios para praias distantes de Fortaleza. Eram passeios realizados em ônibus fretados e com ingresso cobrado individualmente.

A dupla de irmãs amava ir para os passeios que chamamos aqui no Ceará de "pic-nic". Cândido não gostava muito da badalação e não acompanhava as meninas. Elas faziam sucesso no ônibus, era aquela bagunça. Todos gostavam de brincar com as irmãs. Dandara rebolava, dançava "É o Tchan". Ela não deixava ninguém quieto. Onde chegava era a sensação, a alegria. Chegavam à praia de destino e ela ainda adorava jogar bola na areia. Ninguém era contra, sabiam que ela era craque, era um craque diferente. Era um craque gay, em meio aos "machões".

Enquanto isso, Silvinha e Keyla seguiam fazendo programas. Dandara se sentia culpada, pois não conseguia seguir a ordem de sua mãe, que era não deixar Keyla virar gay, muito menos a fazer desistir da prostituição.

Silvinha e Keyla faziam programas em um posto de gasolina, na BR-116 em Fortaleza, chamava-se "Posto São Cristóvão". No local, concentrava-se grande fluxo de caminhoneiros. O posto sempre foi identificado como local utilizado para a prática de exploração sexual. Eram várias travestis, homossexuais, adolescentes e jovens senhoras que viviam de prostituição no local.

O local era mapeado por cafetinas, estas são pessoas que agenciam outras na prostituição. Elas cobravam por espaço. Se as meninas quisessem fazer "ponto" em determinado espaço do posto, era cobrado um pedágio.

O Posto São Cristóvão era um ninho de cafetinas e clientes, muitos de outros estados do Brasil. Os clientes eram bonitos e educados. Alguns não chegavam a realizar o "programa". Queriam apenas conversar. Keyla e Silvinha se encontravam, eram tratadas por seus clientes e gostavam disso. Lá no posto, podiam conversar abertamente sobre suas preferências sexuais. Desta maneira, seus clientes serviam como "válvula de escape" para que elas conversassem aquilo que não podiam conversar na rua. O posto era o mundo delas. Além disso, ainda voltavam com dinheiro para casa.

Com o dinheiro que ganhavam, compravam roupas, sapatos e maquiagens.

Usavam pouca maquiagem, apenas nos olhos e batom discreto.

Novamente, vamos voltar para a Rua 924. Dandara ainda não frequentava o posto como as meninas. Ela gostava de estar com Jorraina e Cândido em suas diversões no Conjunto Ceará.

Mas existiu um momento em que Dandara ficou curiosa e resolveu chamar Cândido para acompanhá-la. Cândido não gostava da ideia e sempre combateu a entrada de todas na prostituição. Falava:

"Gente, vocês não precisam disto. Vamos ficar só por aqui mesmo, brincando e nos divertindo."

Dandara falava:

"Cândido, tu não vai fazer nada não, fica só lá bebendo e conversando com os gatos. Lá é cheio de homens lindos."

Cândido aceitou e resolveu fazer companhia às suas amigas. Levaram roupas mais femininas e trocaram de roupa dentro do ônibus.

Naquele momento, Dandara gostou de estar vestida como mulher, embora escondida de todos no bairro. Para ela, era diferente de fazer programa como michê.

Ao chegar lá, Cândido ficou como Dandara havia falado. Passou a noite inteira conversando com um caminhoneiro do sul do país. Ele era bonito e educado. Porém, no meio da conversa, chegou uma travesti se identificando como cafetina do lugar. Ela exigiu que Cândido pagasse pedágio, pois ocuparia o local. Rapidamente, Cândido explicou que não estava ali para fazer programas, somente para acompanhar suas amigas. A cafetina foi categórica:

"Se ficar aqui, tem que pagar e ponto final."

Dandara observava de longe a movimentação, então foi ao encontro de seu amigo:

"Que houve?"

Cândido respondeu:

"Essa bicha quer que eu pague dez reais só para ficar aqui na minha."

Dandara baixou a cabeça, meio envergonhada por seu amigo, e disse:

"É, amiga, ficou aqui tem que pagar. Desculpe-me por isso."

Cândido olhou para sua amiga e, por consideração a ela, pagou os dez reais da cafetina.

Os quatro retornaram para o Conjunto Ceará e, no outro dia, Cândido estava pensativo e quieto. Passou o dia em sua casa a pensar em que mundo as meninas estavam se metendo. Ele tinha sonhos de entrar em uma faculdade, trabalhar e ter uma profissão. O fato de ter sido o único a ter tido oportunidade de estudar em escolas com melhor qualidade de ensino trouxe uma visão diferente de suas amigas.

Hoje, em conversa com Cândido, o que mais o deixa triste, sobre tudo que ocorrera com suas amigas de adolescência, foi o fato de ter visto de perto que nenhuma delas teve oportunidade.

Entretanto, aquele episódio do posto não afastou Cândido de suas amigas.

A metamorfose

Dandara, Jorraina e Cândido conheceram um salão de beleza na Avenida G do Conjunto Ceará. O salão pertencia a uma gay chamada "Marcinha". Passaram a frequentar o comércio de Marcinha quase todos os dias. Lá no salão, outros gays se encontravam. Na época, não havia referências gays no bairro. Não havia pessoas com coragem de mostrar a sua orientação sexual. Tinham medo, receios e dúvidas. No salão da Marcinha, encontraram seu habitat. Era um encontro de gays do bairro e de outros bairros também. Lá elas podiam brincar, conversar os mesmos papos e se divertir. Podiam ser elas mesmas. Sem pudor, sem medo e sem tabu.

Estavam no salão quase que diariamente. De todas as figuras que andavam no salão na época, duas eram as mais interessantes para o trio. Tamires e Tati eram duas figuras intrigantes aos olhos dos três amigos. Tamires e Tati eram travestis assumidas. Tamires tomava hormônios e tinha seios crescidos. Ela já se vestia de mulher. Era uma travesti formada. Tati não se hormonizava. Contudo, usava sutiã com bojo para formar seios e também se vestia de mulher.

Os meninos olhavam para as duas travestis admirados e, de certa forma, encantados. O salão virou ponto de encontro de homossexuais e travestis da redondeza.

Lá também conheceram outros gays. Havia uma que frequentava o salão que era conhecida por "João da Moto", ela era dois anos mais jovem do que as meninas.

João possuía nome considerado masculino, mas identidade de gênero feminina, assim todos a chamavam de "A João".

João possuía uma moto amarela com motor potente. Ela gostava de ir ao salão e conversar com Marcinha sobre os problemas que enfrentava em casa. Seu pai era rígido e tentava camuflar a homossexualidade da filha. João falava que até uma namorada seu pai havia arrumado para ela. E se João assumisse ser gay, perderia sua moto e sua mesada. Cândido e Dandara ouviam a história, porém não tinham amizade com João ainda.

Foi lá no Salão da Marcinha que, em uma tarde de sexta-feira, um dia antes do pagode do Bar Jequitibar, em meio a conversas e risadas, Cândido, Dandara e Jorraina decidiram se caracterizar por completo de mulher.

Cândido falou para Dandara e Jorraina:

"Já que é para "causar", vamos abalar amanhã no pagode."

Dandara e Jorraina balançaram as cabeças, confirmando que gostaram da ideia. No sábado pela manhã, estavam os três reunidos como de costume na casa de Jorraina. A decisão de começarem a se vestir de mulher começou a incentivá-los ainda mais a começarem, a partir daquele dia, a se transformarem, a se travestirem.

Dandara foi a primeira a tomar a tão importante decisão na vida delas. Pediu a Jorraina:

"Quero que tire* minhas sobrancelhas, Jorraina."

Jorraina fez o que sua amiga pediu e, como uma profissional da beleza, refez as sobrancelhas de Dandara e as deixou finas e femininas.

Dandara começava a ganhar características femininas a partir daquele dia. Jorraina era magrinha e não tinha corpo musculoso, era o corpo que mais se aproximava de curvas femininas. Cândido era alto, com jeito meio masculino. Para ele, vestir-se de mulher foi apenas uma brincadeira para acompanhar suas amigas. Cândido se vestia de mulher e se divertia, tirava onda com tudo aquilo. Ele era extremamente engraçado quando estava vestido de mulher, não era nada compatível com sua compleição. Era como se pegasse um jogador de futebol da seleção alemã e o vestisse com salto e vestido.

Os três foram ao pagode do Jequitibar vestidos de mulher e se sentiram bastante à vontade com as novas pessoas nas quais estavam se transformando. Fizeram sucesso, estavam felizes e decididos. As piadas e brincadeiras que fizeram com eles nesse dia não foram suficientes para que apagassem da mente deles a decisão de se tornarem aquilo que sempre tiveram desejo.

Eles queriam ser reconhecidos por elas, não mais eles e, para se concretizar, precisavam de uma nova identidade. Dandara, Jorraina e Cândido construíram seus novos nomes. Nascia, naquele sábado, Dandara Ketlely de Velaskes, Jorraina e Liza Van Halen.

Em seguida ao novo nascimento, Dandara passou a injetar hormônios femininos e lentamente surgiam seios em seu corpo. Jorraina demorou a começar o processo de hormonização. Cândido nunca tomou nada parecido, ficava somente no campo da brincadeira. E sempre dizia:

"Não, senhora, eu ainda vou fazer minha faculdade e trabalhar. Quem vai empregar uma bicha com peito?"

E de fato Cândido nunca tomou nada que modificasse seu corpo.

Aos poucos, foram se enturmando com as gays do bairro. No polo de lazer, existia um barzinho chamado "Cajueiro". Se o salão da Marcinha tinha sido para eles o primeiro lugar com presença de gays, eles não sabiam no que se transformaria o bar do Cajueiro. O lugar virou point

*Significa "fazer" as sobrancelhas.

de gays e travestis. Alguns tímidos chegavam por lá e, pouco a pouco, iam se enturmando. Dandara, como sempre, era a sensação do bar. Ela era querida por todos os gays, travestis, simpatizantes e os funcionários do estabelecimento. Elas bebiam, conversavam e viravam a noite entre farras e gargalhadas.

Silvinha e Keyla também adquiriram identidades femininas. Agora eram Silvinha e Keyla Velaskes. Elas também andavam no bar do Cajueiro. Já eram maiores de idade. Elas foram se aproximando de Dandara e Jorraina nesse período. Todas elas já não escondiam mais suas identidades, nem para os amigos, nem para a família, e muito menos para desconhecidos. Já era um mundo sem volta. Elas tinham saído do casulo. A metamorfose acontecera.

Elas não eram mais meninas com aparência de meninos, sem identidade e confusos. Elas eram mulheres adultas e decididas.

Dandara Ketlely de Velaskes

Das três amigas Dandara, Jorraina e Liza, Dandara foi a que rapidamente assumiu sua identidade feminina. Começou a injetar anticoncepcional no corpo. Ela aplicou o hormônio durante anos, sempre na mesma farmácia. O proprietário e os funcionários a conheciam. Quando as pessoas a chamavam pelo seu nome de batismo, Dandara sempre repetia:

"Meu nome não é mais este, querida. Meu nome agora é Dandara!"

Todos no bairro que a viram crescer tiveram que se adaptar a chamá-la de Dandara. Era muito confuso para os mais íntimos que conviveram com ela com outro nome. Hoje todos no bairro, incluindo eu, em respeito à sua identidade, sua memória e sua vontade, a chamamos de Dandara.

A "João da Moto"

Em meio a frequentes idas ao bar do Cajueiro nos finais de semana, Dandara se aproximou de João da Moto. João era uma travesti em processo de construção de identidade feminina também. Morava em um bairro vizinho. Seus pais tinham uma vida economicamente estável, diferente de todos os outros amigos gays e travestis amigas dela e de Dandara. João da Moto tinha uma vida com tudo que uma adolescente gostaria de ter. Contudo, João tinha desejo de se transformar, de ser uma travesti. A sua boa situação financeira e constantes ameaças do pai não fizeram com que ela desistisse de se "transformar". Ela sabia o que queria e que se tornaria, João queria ser uma travesti. Ela gostava do glamour de ser travesti.

João frequentava o bar do Cajueiro vestida de mulher, porém seu pai não sabia. Ela levava escondido em uma bolsa suas roupas femininas e se vestia por lá. Não demorou muito para seu pai ficar sabendo por vizinhos que passavam pelo bar e viam João com trajes femininos. E em um final de semana, o pai de João foi até o bar para pegar sua filha em flagrante. O pai de João a avistou toda vestida de mulher, usava salto alto, maquiagem, peruca longa e loira. Quando João percebeu que seu pai estava vindo em sua direção, saiu correndo desesperada.

Seu pai não conseguiu alcançá-la e retornou para casa, inconformado com a conduta de sua filha.*

João chegou a sua casa no dia seguinte, muito cedo. Não havia tirado a roupa de mulher. Ela queria definitivamente assumir perante seu pai sua travestilidade. Naquele dia, não fora seu pai quem ficou em estado de choque, e sim sua mãe. Ela ordenou que João recolhesse todas as suas

---

*Para o pai de João da Moto, era seu filho, porém em respeito à identidade de gênero de João, nos referimos a ela como filha.

roupas e se retirasse de sua casa. Ela estava colocando sua filha para fora de casa, não aceitava ter uma filha travesti.

Ela juntou suas coisas e saiu sem moto de casa. João conhecia uma travesti que morava no Centro da cidade de Fortaleza. Ela morava em uma casa que abrigava travestis. E para João também não fora diferente, pediu abrigo na casa, pois não tinha para onde ir. Na casa, fez muitas amizades, lá moravam as mais antigas travestis de Fortaleza. A casa pertencia a um casal que hoje ainda está vivo e mora na Itália. Muitas dessas travestis não tinham onde morar, grande parte, assim como João, tinha sido expulsa de suas casas, pois eram consideradas aberrações e uma decepção para a família. Ali se juntavam, pagavam a casa por diárias como se fosse um hotel e, à noite, faziam "ponto" em ruas do centro de Fortaleza. Para João, essa foi a única alternativa que tivera, já que sua família não a queria mais no convívio deles.

João passou a se prostituir todas as noites nas ruas. Ela tinha dezoito anos na época, era dois anos mais nova que Dandara, mas sempre fora muito viva e perspicaz.

Dois meses se passaram, e o pai de João aparece na casa em busca de sua filha. Ele havia convencido sua esposa a aceitar a filha de volta e aceitar também que ela era uma travesti. João retornou para sua casa, arranjou um emprego e voltou a ter uma vida normal sem a prostituição. João começou a deixar o cabelo crescer e a se vestir como mulher. Ela foi uma das primeiras travestis que injetou silicone líquido no corpo. O processo de transformação total havia começado para ela.

Contudo, aquele mundo que conhecera nunca mais sairia de sua cabeça. Depois de alguns meses, João pegou sua moto e foi dar uma volta na Avenida Beira Mar. Lá, encontrou algumas travestis que havia conhecido na casa de prostituição do Centro, conheceu outras travestis também nesse mesmo dia. Ela ficou encantada com a Beira Mar, a avenida era movimentada e João observou o fluxo de clientes na orla turística de Fortaleza. João retornou para casa, pediu demissão de seu emprego e, logo em seguida, passou a se prostituir na Avenida Beira Mar de forma definitiva, porém ainda escondida de seus pais. João fingia ir para festas à noite e assim ficava na Avenida nos fins de semana.

Dandara nesse período estreitou laços de amizade com João da Moto e com outras travestis. João já não era mais aquele menino gay comandado pelo pai. Era uma travesti em formação. No Bar do Cajueiro, andavam outros gays e travestis. Entre elas havia Michele Passion, Fabrícia, Luana, Jéssica e Rafaela, todas em transformação. Elas passaram a andar na rua de Jorraina e Dandara. Cândido ainda fazia parte do grupo, era Liza. Elas ainda tinham o hábito de ficarem na calçada da Rua 924. Se antes já estava conhecida como Rua dos "viados", imaginem com cerca de dez travestis juntas.

No final de uma farra na rua, quando já eram três da manhã, Dandara dizia para Liza:

"Bicha, vamos à padaria comer pão com café."

Ela fizera amizade com o padeiro que abria a padaria para a Dandara e Liza comerem pão e tomarem café. O padeiro era simpático, gostava de jogar conversa fora e rir com as amigas. Ele não tinha pretensão sexual alguma, o que gostava mesmo era da companhia delas, da alegria delas. Quando iam para a padaria, o padeiro sempre dava três pães de graça a Dandara para ela levar para casa. Ela adorava e saía alegre, falando com Liza:

"Hoje, minha mãe vai comer pão."

Liza ficava admirada com a declaração de Dandara. A situação econômica de todos na época era difícil, porém a da família de Dandara era bem mais. Pão quentinho direto da padaria era luxo para eles. E assim ficaram amigas do padeiro com coração maravilhoso, que enxergava naquelas travestis algo muito maior. Ele as via como seres humanos normais como qualquer outro.

Silvinha e Keyla ainda faziam seus programas e, quando não iam trabalhar na rua, faziam companhia para as amigas travestis na esquina de nossa rua. No entanto, entre viradas de noite conversando na rua, alguns moradores começaram a se incomodar com o barulho e a quantidade de travestis na esquina da tão badalada rua. Alguns moradores começaram a denunciar que as travestis e Dandara estavam fazendo muito barulho na calçada. A polícia vinha, conversava com todas e cessava o barulho. Começaram a sair da calçada da rua querida e foram se reunir em um posto de gasolina cerca de 200 metros da Rua 924. Levavam um litro de cachaça e bebiam até altas horas. Lá, vez por outra, apareciam clientes interessados nos "serviços sexuais" das meninas. No início, não pensavam na prostituição como fonte de renda, ainda era tudo diversão e descobertas sexuais.

Em 1997, eu estava casada e, em outubro do mesmo ano, tive meu primeiro filho. Nicolas nasceu às oito da noite, eu não morava mais com minha mãe. Morava na 1ª Etapa do conjunto Ceará. Dandara foi me visitar e, quando chegou na minha casa, levei um susto, fazia cerca de um ano que não a via e não tinha notícias dela. Chegou ao portão e disse:

"Deusa!!!!!!"

Ela adorava me chamar por esse nome.

Pedi para ela entrar, pois o portão estava encostado. Ao entrar, vi outra pessoa: ela estava de cabelos mais loiros, um pouco crescidos, usava minissaia e blusa colada, nos olhos marcas de maquiagem, como se tivesse usado na noite anterior. Seu andar e falar estavam completamente efeminados, já não era mais minha amiga de infância. Era realmente outra amiga que conhecia ali. Naquele dia, fui apresentada formalmente, por ela mesma, a Dandara Ketlely de Velaskes.

Falei assustada:

"Bicha, que foi isso?! Que mudança foi essa?"

Dandara conversou, abriu seu coração, se emocionou e também falou de seus medos. Mas naquele dia pude observar algo latente em seu olhar. Ela estava feliz. Estava em paz consigo mesma, e isso era o que importava.

A amiga cafetina

João da Moto passou a fazer ponto na Avenida Beira Mar quase que diariamente. Era querida entre as travestis e uma das mais bonitas. Mantinha um corpão feminino e uma cintura muito fina. Mas a maior qualidade era ser pacificadora e mediadora de conflitos entre as travestis na Avenida Beira Mar. As travestis se desentediam e, muitas vezes, brigavam. João sempre ia resolver e sempre conseguia neutralizar as agressões. As travestis a respeitavam. Um belo dia, uma travesti chegou para ela e a chamou de "mãe" das bichas. Essa mesma travesti chamou João para uma conversa e sugeriu:

"Bicha, por que tu não aluga uma casa e coloca as bichas para morar contigo, pagando diária?"

"Como assim?" Disse João.

A travesti continuou a falar:

"Você coloca as bichas para fazerem programas e elas pagam hospedagem na sua casa por dia. Independente de elas ganharem ou não trabalhando na rua à noite, elas têm que pagar diariamente."

João falou:

"É mesmo, mulher, boa ideia!"

No outro dia, João da Moto, de forma visionária, foi até o bairro Henrique Jorge, na periferia de Fortaleza, e alugou uma casa por lá.

João abriu a casa e levou uma travesti para morar e trabalhar com ela. Rapidamente, após apenas cinco dias, João já tinha quatorze travestis em sua casa para trabalharem na prostituição.

Eram travestis que a família enxotava, que o pai ou a mãe não aceitavam mais em suas casas. Então, elas uniam o útil ao agradável. Pessoas sem teto e sem família, e um novo mercado da prostituição que estava se desenhando no Ceará.

Esse modelo de prostituição já existia em São Paulo, na região do grande ABC paulista. A região compreende as cidades industriais de Santo André, São Bernardo do Campo e São Caetano. Muitas travestis começavam suas vidas de prostituição aqui em Fortaleza, mas o grande "up" seria mesmo em São Paulo. Poderia ser o céu para umas e o inferno para outras. Porém, deixemos São Paulo para os próximos capítulos.

João passou a ser cafetina de muitas travestis em Fortaleza. Continuou andando e frequentando a casa e a rua de Dandara e Jorraina. Também ainda frequentava os bares e o polo de lazer do Conjunto Ceará. As travestis do bairro ficaram sabendo que João agora era cafetina e passaram a rodeá-la e, de certa forma, a "endeusá-la". Para as travestis, João havia se dado bem na vida.

No ano de 1998, Liza começou a observar a aproximação de João da Moto e Dandara.

Jorraina e Dandara não tinham mais envolvimento emocional. Jorraina havia entendido que aquele menino gay havia morrido e essa nova pessoa que conheceu não a atraía. Contudo, continuaram mais amigas e cúmplices.

João, nas idas à Rua 924, em uma conversa com Dandara, revelou a sua nova profissão:

"Agora, meu bem, sou cafetina."

Dandara achou tudo muito encantador e pediu a João para morar com ela nessa nova casa. Porém, morria de medo de sua mãe fazer uma denúncia à polícia e prejudicar sua amiga, e acabou voltando para casa.

Liza tentava combater de forma explícita a entrada de Dandara na prostituição, não gostava da forma que João da Moto falava sobre aquele mundo para suas amigas.

Em alguns momentos, achava João uma sonhadora e, em outros, uma aliciadora.

João já falava abertamente para as meninas que a prostituição era algo que podia mudar a vida delas, que com a prostituição elas poderiam mudar de vida e que poderiam ajudar suas famílias. Para Dandara, que era extremamente carente, a proposta caía bem como uma luva. Dandara era a que mais se encantava com a conversa sobre mudar de vida. Ela e João ficaram muito próximas, e Liza foi aos poucos se afastando.

Jorraina tinha sua profissão de doméstica e não se encantava muito com a possibilidade de se prostituir. Apesar de Dandara já ter se prostituído algumas vezes, dessa vez era diferente. Dessa vez a coisa funcionaria de forma profissional. João havia lhe apresentado um mundo de glamour e luxúria e isto de certa forma a seduzia.

Como Dandara tinha medo de sua mãe, não ficou dois dias com João na nova casa. Resolveu não iniciar na prostituição de forma definitiva. Pediu para que João tentasse lhe arranjar um emprego, pois precisava ajudar em casa.

João da Moto arranjou um emprego de auxiliar de cabeleireira para Dandara. Era um salão de beleza de uma amiga sua, também travesti. Dandara trabalhou lá por um ano. As clientes adoravam Dandara e contavam suas vidas para ela.

Foi no período que Silvinha e Keyla faziam ponto no posto São Cristovão que João começou a ser mais incisiva com as travestis e com Dandara. Ela falava para todas:

"Bicha, se eu fosse vocês, ia para a Beira Mar, porque é lá que se ganha dinheiro de verdade! Esse posto que vocês vão é derrubado* e sem futuro."

Dandara, depois que saiu do salão de beleza, começou a ir para Avenida Beira Mar vestida de travesti. Usava roupas curtas, salto alto, maquiagem e mini blusa. Começou a ir com a amiga travesti Michely Busson, também amiga de João, elas iam de forma independente.

Dias depois, Keyla e Silvinha também já estavam fazendo ponto na avenida. Elas dividiam as despesas com táxi e alimentação. Era mais uma farra para Dandara e suas amigas, elas riam e se divertiam, além de voltarem com dinheiro.

Rapidamente, Dandara fez amizades com as travestis da Avenida Beira Mar. Elas logo se apaixonaram pelo jeito palhaço de Dandara e, assim, ela foi lentamente se transformando em uma "profissional do sexo".

Dandara sempre foi boa de papo e principalmente de "calotes", ou seja, ela gostava de dar pequenos golpes de maneira moleca.

Michely observava Dandara entrar e sair durante à noite de uns quatro carros. Seus programas estavam dando lucro, imaginava Michely. Ao retornarem para casa de táxi, todas colaboravam com a cota do transporte. Silvinha, Keyla davam sua parte na divisão. Michely olhava para Dandara e falava:

"Cadê, bicha, tua parte?"

Dandara fazia careta e dizia:

"Hoje não deu nada, mulher! Só deu pra tirar o do cigarro."

Michely olhava desconfiada para Dandara e logo soltava aquela gargalhada e dizia :

"Bicha, tu pensa que me engana é?"

Michely pagava a parte de Dandara e dizia que ela no outro dia não a enganaria mais.

*Medíocre; fraco.

Dandara chegava em casa, tirava da calcinha seu dinheiro que havia ganhado na noite e, sozinha, soltava um sorriso.

Michely não ficava com raiva, sabia que Dandara era moleca e malandra. Não fazia por maldade. E assim ela fazia também na padaria, na hora que iam lanchar. Fazia na divisão dos cigarros, escondendo os que tinha de suas amigas. Quando Michely percebia que Dandara estava com uma carteira de cigarros nova, corria atrás dela para tomar seus cigarros que já havia dado à amiga durante a noite.

A despedida de Liza

Cândido começou a namorar um rapaz que morava próximo de sua casa. Ele já não andava com tanta frequência com as meninas. Dandara a cada dia se envolvia mais com programas na Avenida Beira Mar. Trabalhava durante a noite e dormia durante o dia. Por isso, seus horários e suas saídas não eram mais as mesmas. Cândido/Liza comunicou às meninas que não andaria mais vestido de mulher. Ele nunca teve interesse em ser travesti, tampouco de se prostituir. Achava engraçado andar junto com Jorraina e Dandara pelas ruas do Conjunto Ceará e no pagode do Jequitibar. Não havia mais graça para ele andar por aí sozinho e vestido de mulher. Encerrava aquele ciclo para Liza, ele voltaria a ser Cândido, voltaria a ser somente um rapaz gay.

Cândido resolveu fazer uma festa de despedida de Liza. Ligou para o telefone público na esquina da casa de Jorraina e falou com ela sobre a despedida. Marcaram o encontro na casa de Jorraina. Estavam na despedida Dandara, Silvinha, Jorraina e Keyla. Liza levou suas roupas, boinas, acessórios e sandálias. Dandara era louca por uma blusa vermelha que Liza usava, e as meninas dividiram o restante das coisas. Naquele dia se despediram, com muita emoção e lágrimas no rosto. Cândido voltou para suas roupas de "boy" e iniciou um curso de informática. Liza ficou para trás na sua história, o que sobrou foram apenas lembranças maravilhosas da fase mais divertida de sua vida.

O dicionário italiano

Naquele ano, voltei a morar próximo à minha mãe e sempre estava por lá pela manhã para tomar café. Lembro de ver Dandara chegar cedo da Beira Mar e gritar por mim na frente da casa de minha mãe:

"Vicky vivace!"

Ouvia todo barulho que ela fazia e abria o portão como antigamente. Ela já era Dandara, mas ainda era minha amiga de infância, nada havia mudado, mudou a aparência, contudo seu coração e alma eram imutáveis. Eu adorava todas as suas palhaçadas de travesti. Ela entrava na minha mãe, tomava café com pão e começava a tagarelar em italiano. Ela me falava que tinha um cliente italiano que estava apaixonado por ela. Ele pagava na época cerca de mil reis para Dandara sair com ele e não usar preservativo. Dandara achava que ele era seu maior cliente.

"Io parlo italiano."

Falava frases as quais tivera que aprender para se comunicar com os gringos. Ela olhava para os italianos e gesticulava como se estivesse fazendo sexo oral e, em seguida, falava olhando para eles:

"Uno pompino[1]? Vinte reale!"

Depois ia para o produto principal que ela oferecia a seus clientes:

"Mangia il mio culo? Tinquenta[2] reale!"

Dandara olhava para minha mãe e dava uma gargalhada que era a sua marca registrada. Minha mãe não gostava da conversa, mas acabava rindo da forma que ela falava.

Havia um fluxo alto de italianos em Fortaleza. Eles eram clientes assíduos das travestis da cidade. No período de alta estação, a cidade ficava lotada de italianos, e era quando as travestis ganhavam mais dinheiro. Porém, a prostituição realizada por travestis é um lado obscuro do mundo do sexo. Muitos acham que os clientes procuram travestis para fazer sexo anal com elas. Mas não é nada disto que acontece. Cerca de noventa por cento, segundo o que Dandara e outras travestis me relataram, eram homens que queriam ser passivos na relação sexual e não ativos. Escondiam que também eram homossexuais, ou mesmo bissexuais. Os dez por cento que eram ativos procuravam travestis por serem casados com mulheres cheias de pudor na cama. Eles achavam que as travestis topavam tudo na hora do sexo.

Algumas vezes, Cândido encontrava Dandara, Silvinha e Keyla no terminal de ônibus do Conjunto Ceará. Elas estavam esperando o ônibus para a Avenida Beira Mar. Já estavam "montadas" com roupas femininas, salto alto, cabelos arrumados e escovados, maquiagem feita. Cândido parava, conversava e ria com todas elas. As pessoas que esperavam ônibus nas paradas ficavam boquiabertas com as travestis e com todo seu estilo.

1: Termo em italiano utilizado para se referir ao ato de fazer sexo oral. 2: Italiano: Cinquanta; Pt-BR: cinquenta reais

A terra do Sol e do sexo

1998 foi o auge das travestis na Avenida Beira Mar. Muitas delas, oriundas do interior do Ceará e das periferias de Fortaleza, conheciam a avenida, que era o maior ponto de prostituição da cidade, e vislumbravam ganhar dinheiro na "rua". Elas sonhavam em colocar próteses de silicone e irem para Europa, fazer a vida por lá e depois voltarem para suas casas no Brasil. Um sonho vendido de forma muito bonita, porém com um custo elevado que, muitas vezes, poderia ser pago com a própria vida.

Naquela época, travesti em casa ou ia para a rua ou a família não permitia que elas se transformassem. Elas optavam por ir para a rua, e ser travesti assumida. Queriam andar com cabelo longo, maquiagem, roupa de mulher, mesmo sabendo que a partir daquela decisão muitas portas se fechariam para elas.

Na avenida, havia uma imensidão de clientes, entre eles gringos, homens casados, casais, homens que se diziam heterossexuais. Eram diversas categorias e profissionais, desde o mecânico ao médico, ou juiz. Era um mundo de fantasias e segredos.

Muitos daqueles que criticam, falam mal ou agem com extremo preconceito, são os mesmos que mantém o mercado da prostituição, ou seja, são os mesmos que procuram as travestis em busca de prazer.

As travestis mantinham sua identidade feminina, porém seus clientes nem sempre revelavam suas identidades verdadeiras. Contudo, o que as travestis almejavam era tão somente ter uma profissão, sustentarem a si mesmas e também poderem ajudar suas famílias. Afinal, não presenciamos travestis em diversas profissões, ou elas trabalham como cabeleireiras ou se tornam profissionais do sexo.

As travestis possuem sua identidade de gênero estampada no rosto, não têm como camuflar a identidade, diferentemente dos gays, que podem se esconder quando se vestem com trajes masculinos. As travestis estão estampadas no conjunto de suas mudanças corporais para assim adquirirem sua nova identidade.

Muitas travestis encaram a profissão com seriedade, repassam suas experiências umas às outras, dão conselhos, mostram o caminho correto para ganhar dinheiro com a prostituição. Para elas, há um manual de conduta. Seja não se envolver com drogas, álcool, agiotas e até homens que as explorassem de qualquer forma. Nessa época, não havia drogas pesadas em Fortaleza. O crack ainda não havia sido comercializado em grande escala, a cocaína era vendida apenas para quem podia pagar, pois era um valor significante naquele tempo.

Dandara não usava drogas na época. Aquela fase de adolescente descobrindo sensações havia passado. O mundo dela se resumia na descoberta da sua nova identidade e nova profissão.

Ela se aproximou de todas as travestis que faziam ponto na Beira Mar.

Na avenida, fez amizade com todas, fez amigas com raízes profundas, era muitíssimo querida, era companheira e solidária, mas o traço nunca esquecido por todas era seu humor. Ela era extremamente palhaça, era uma humorista nata, apelidava as pessoas, fazia resenhas*, gostava de fazer "pegadinhas" e pregar peças. E nessa brincadeira, fez história em sua passagem por lá, de fato ela era inesquecível. Não tinha pretensões de ficar rica, de ganhar muito dinheiro, apenas queria ser feliz e se manter. Dandara era um ser humano diferenciado, nunca a vi triste por qualquer coisa, ela gostava de aproveitar a vida e tudo de mais simples que ela oferece.

Dandara surgiu na avenida com todo seu charme, era loira de cabelos cacheados, seus olhos verdes iluminavam seu rosto, usava batom vermelho, tinha ainda corpo atlético devido ao esporte e, com a hormonização, suas curvas ficaram ainda mais bonitas. Ela era diferente das outras travestis, falava com todos, mexia com todos que via e passavam na Avenida. Se passasse um rapaz bonito, falava:

"Boa noite, que rapaz lindo! Você tá bem?"

Se visse uma mulher bonita, também falava:

"Nossa! Que sandália linda a sua! Onde comprou? Ela é linda como você!"

E assim todos conversavam com ela. Era extremamente natural e espontânea.

Todos os frequentadores e comerciantes da avenida já conheciam Dandara Ketlely de Velaskes. Ela fazia questão de soletrar seu nome:

"Meu nome é Dan-da-ra. Fica com Deus."

Ela não frequentava igreja, mas mostrava ter muita fé em Deus e dizia ser católica, sempre agradecia tudo a Deus. Muitos homossexuais eram umbandistas, mas ela gostava de ser católica.

O Reencontro

Em um dia que estava na avenida trabalhando, ouviu uma pessoa de longe chamando-a pelo nome que recebeu quando nascera.

Dandara olhou para trás e avistou quem a chamava: era Daniele, a Dany Bacura, amiga da época que morou com Dayse e Estelina.

*Zoação, Tirar uma onda.

Dany correu ao seu encontro, e Dandara abriu aquele sorriso quando a viu. As duas se abraçaram, e Dany em seguida falou apreensiva:

"'Menino', que roupas são essas? Que você tá fazendo aqui?" Dany havia chamado pelo nome de batismo de Dandara.

Dandara pegou carinhosamente na mão de Dany e a olhou firmemente:

"Dany, meu nome não é mais esse, meu nome é Dandara Ketlely."

Dany olhou para Dandara abismada e falou:

"Olha, você sempre vai ter esse nome para mim. E sendo Dandara para você, vou continuar te amando do mesmo jeito."

As duas conversaram durante muito tempo, sentaram-se em um ponto de ônibus e todos que passavam olhavam para as duas. Dany ficou preocupada com a nova amiga, com aqueles trajes, com pouca roupa, teve medo do que se transformaria e o que passaria sua amiga dali para frente. Sua mãe vendia artesanato na Avenida Beira Mar há muitos anos, por isso sabia muitas histórias sobre a noite e a prostituição na orla de Fortaleza.

Dany ainda encontrou Dandara outras vezes na avenida e gritou pelo nome de batismo novamente. Dessa vez, Dandara foi mais enérgica com sua amiga:

"Para, Dany! Não me chama assim na frente de todos. Essa pessoa não existe mais."

Aos poucos, todos os conhecidos e amigos foram aceitando Dandara no lugar de seu nome masculino. Nós fomos percebendo que era apenas uma mudança estética, pois a essência continuava inviolável.

As peripécias de Dandara

As travestis chegavam à Avenida Beira Mar por volta de nove da noite, muitas já sabiam seu lugar onde ficar, é o que elas chamam de "ponto" ou "fazer rua". O programa na época era no valor de cinquenta reais, muitas faziam o programa em motéis ou mesmo nos hotéis de Fortaleza. São prostitutas e travestis que povoam a avenida tarde da noite. Dandara se dava bem com todos os grupos. As prostitutas também a adoravam. Mas, como seleção natural, se unia em seu grupo de travestis.

Dandara era muito diferente de sua irmã Keyla, que era arisca e no seu mundo.

O jeito palhaço de Dandara a fez ficar muito conhecida na praia.

No ano de 1998, um grupo de travestis se juntou e se voluntariou para fazer parte de uma associação voltada para o público LGBT.

O GRAB (Grupo de Resistência Asa Branca) foi fundado em 1989, sendo uma das organizações LGBT em funcionamento mais antigas do Brasil. O GRAB atuava diretamente no enfrentamento ao preconceito por orientação sexual, desenvolvendo ações e acompanhamento em torno dos direitos da população homossexual. O grupo realizava ações como forma orientar as travestis para sua cidadania e prevenção ao HIV/AIDS e outras DST (doenças sexualmente transmissíveis). Distribuíam preservativos, realizavam palestras e seminários, bem como distribuíam "sopão" paras as travestis e prostitutas nas madrugadas pela Avenida Beira Mar.

Nesse período, Daletty di Polly, Thina Rodrigues e Janaína Dutra, esta última foi a primeira travesti a tirar OAB no Brasil e a advogar, fundaram uma associação apenas para travestis, a ATRAC (Associação de Travestis do Ceará). Daletty era o elo entre a associação e as travestis que trabalhavam na noite se prostituindo. E através desse elo, formaram um grupo constituído por travestis que trabalhavam na avenida e amigas de rua, amigas de "batalha" como chamavam.

Dandara era muito prestativa e empenhada na causa, reunia as meninas e as levava para as palestras da ATRAC.

Certa vez, estavam retornando para suas casas de topique e Daletty teve sua bolsa puxada por um menor de idade que tentava lhe roubar. Contudo Dandara, como sempre foi disposta, bateu no moleque e não deixou que ele roubasse sua amiga. Daletty ficou grata a Dandara pelo feito e seguiram sua viagem.

Dandara possuía um senso de justiça e proteção pelos seus amigos e familiares. No que dependesse dela, sempre que pudesse estaria por perto para protegê-los e apesar da vida pobre, do preconceito e da rotina nas ruas se prostituindo, nunca se envolveu em episódios de roubo ou algo dessa natureza.

A bombadeira

Em contrapartida, João da Moto começava a dar voos mais altos. Alugou uma casa maior no bairro vizinho ao Conjunto Ceará, a visão empreendedora dela não parou por aí. Viajou para Recife, aprendeu a injetar silicone em gel e começou a fazer aplicações de forma clandestina.

Essa prática perigosa teve início na década de 70, principalmente por travestis, que buscavam formas corporais mais femininas. Então, mulheres e homens aderiram à "moda", que poderia causar infecção dependendo da reação do corpo à aplicação do produto, que pode levar a necrose dos tecidos, embolia, reações alérgicas, dificuldades para andar, deformidades e morte por infecção generalizada.

Geralmente, quem aplica não tem conhecimento técnico. As chamadas "bombadeiras" usam materiais de origem duvidosa e atendem em locais sem a menor estrutura. Fato que aumenta o risco de contaminação, visto que os produtos não são estéreis e podem ainda entrar na corrente sanguínea, provocando a morte por infecção.

João, agora além de cafetina, era uma "bombadeira" e muito requisitada em Fortaleza.

Na nova casa, João começou a "bombar" as travestis que moravam com ela. O silicone era aplicado nas coxas, nádegas, lábios e culotes. Mas quando aparecia algum travesti querendo colocar prótese de silicone, ele mandava para um contato em São Paulo.

A rota de São Paulo

As travestis que tinham sonho de colocar próteses nos seios acabavam indo para São Paulo com tudo pago, financiado pela dona da casa na qual elas ficariam hospedadas.

Chegando lá, tinham suas despesas parceladas com acréscimo de cem por cento para a dona da casa.

O contato de João em São Paulo era Camila, uma cearense de Juazeiro do Norte que possuía uma dessas casas que abrigava travestis. A casa ficava em São Bernardo, mas as travestis se prostituíam pelas ruas da cidade vizinha, chamada Santo André. O número de prostitutas e travestis que atuavam nas ruas dos bairros Campestres e Jardim, em Santo André, era fomentado pelo desemprego no Brasil e tem sido o principal motivador para o aumento das profissionais do sexo nas ruas.

As travestis dormiam durante o dia, e à noite, trabalhavam nas ruas onde predominava a prostituição na cidade paulista. O fluxo de clientes em São Paulo era de sobremaneira superior ao de Fortaleza. Muitas travestis juntavam o dinheiro que ganhavam em São Paulo e depois retornavam para Fortaleza, colocavam algum "negócio" próprio e saíam das ruas. Nenhuma delas queria terminar suas vidas nas ruas, a rua era apenas sobrevivência, era dura, perigosa, violenta e em São Paulo se tornava pior, pois estavam longe de suas famílias.

João passou a ficar famosa entre as travestis. Elas falavam entre si:

"A João tá deixando as bichas dela uma mulher todinha."

E os negócios dela seguiam de vento em popa.

Quando João abriu a casa próxima ao Conjunto Ceará, Dandara foi morar com ela em definitivo, mesmo que sua mãe aparecesse quase que todos os dias à procura da filha.

Dandara começou a se "bombar" nas nádegas e coxas.

Na "rua", ficou amiga de Jéssica Rodrigues e Jamyle, ambas travestis. Jéssica Rodrigues era de uma cidade do interior do Ceará, morava no bairro de Antônio Bezerra e, antes de se prostituir, era garçonete em um restaurante na Avenida Bezerra de Menezes. Jéssica amava as palhaçadas de Dandara, achava-a muito engraçada. Jamyle tinha um pequeno salão na Avenida Leste-Oeste, no bairro Pirambu.

Jéssica, Jamyle e outras travestis se reuniam diariamente na avenida e lá Dandara pregava suas peças.

Um dia engraçado com Dandara foi quando ela, as travestis e as prostitutas estavam recebendo gratuitamente sopas à noite. Jéssica foi a primeira a saborear a sopa, e Dandara chegou em seguida perguntando:

"O que é isso?"

Jéssica respondeu:

"Estão distribuindo ali, mulher, vai pegar a tua."

Dandara recebeu sua sopa e, quando estava degustando, se aproximou uma das meninas, também prostituta que fazia ponto na Beira Mar, e disse:

"Onde tem isso? Como é pra pegar?"

Dandara, muito moleca, logo respondeu:

"Estão vendendo, mulher! Custa cinco reais."

Fernanda era uma menina do Maranhão e estava na avenida se prostituindo há pouco tempo. Ela confiou em Dandara, tirou os cinco reais do bolso de sua minúscula roupa e repassou a quantia para Dandara.

Dandara, de maneira moleca, ficou com os cinco reais e foi pegar a sopa de graça com o pessoal da associação. Na volta, outras travestis já estavam com o copo de sopa tomando na frente de Fernanda que indagou a Dandara:

"Por que elas não pagaram e estão tomando?"

Dandara, com raciocínio rápido, respondeu:

"Porque o delas foi 'fiado' mulher, toma logo o teu e deixa de falar."

As outras travestis sabiam que Dandara gostava de pregar peças e racharam de tanto rir, mas todas sabiam que o intuito de Dandara era apenas se divertir e não auferir lucro. Elas falaram para Fernanda que ela havia caído em uma das brincadeiras de Dandara. Ela começou a rir, olhou pra Dandara e falou:

"Depois tu me paga, viu, viado malandra!"

Jéssica amava ver as palhaçadas de Dandara. Elas pegavam ônibus juntas e muitas vezes passavam na casa de Jamyle na volta, lá Dandara adorava se cuidar. Dizia que queria seu cabelo loiro como o da Madonna ou Marylin Monroe, e Jamyle a deixava muito loira. Ela colocava uma tiara fina no cabelo loiro com cachinhos e saía feliz com sua aparência.

Uma das histórias mais faladas no bairro, dentre as palhaçadas de Dandara, foi um dia em que ela pegou o ônibus para a Avenida Beira Mar. Chegando lá, ela sempre ficava no ponto com roupas minúsculas ou apenas de "fio dental", tirava a roupa e colocava em um lugar escondido na avenida, geralmente em buracos ou encostada na barraca. Neste dia, quando retornou de um programa, a sua roupa não estava mais no mesmo lugar. Ela falava:

"Pelo amor de Deus e agora, como vou voltar pra casa de fio dental?"

Dandara saiu perguntado a todos se alguém havia visto sua roupa. Depois de muito procurar, decidiu:

"Vou pra casa assim mesmo, não quero saber o que vão falar."

Dandara subiu no ônibus para retornar para casa em companhia de outras travestis. Ninguém a ofendeu ou a mandou descer do ônibus; como ela era muito palhaça, fez da viagem uma piada, todos riram e se divertiram com Dandara só de fio dental em um ônibus.

No outro dia, foi o comentário mais falado no Conjunto Ceará. Se existisse Twitter na época, certamente seria o mais movimentado naquele dia.

Dandara estava na sua melhor fase, estava deslumbrada com a prostituição, feliz com sua aparência, com novas amizades as quais amava, estava sempre com dinheiro e cheia de planos. Ela queria juntar uma quantia, pagar um bom curso de cabeleireira e montar um salão para ela poder ajudar sua família. Era mais uma travesti com sonho e aspirações.

A premonição

Em uma das noites de baixa estação na Avenida Beira Mar, Dandara resolveu ir para o Posto São Cristovão fazer ponto; ela achava que lá poderia estar mais movimentado. Chegando ao posto, logo observou que realmente o local estava mais propício a ganhar dinheiro do que a Beira Mar de Fortaleza. Dandara viu um carro parar na pista e um rapaz fazendo gestos e acenando com a mão. Ao se aproximar do carro, viu alguns rapazes que riam e se mostravam interessados nos serviços profissionais de Dandara, geralmente eram amigos que queriam fazer uma diversão em grupo; era comum se juntarem e contratarem as travestis para animar sua noite. Dandara foi até o carro, se debruçou sobre a janela e falou para os rapazes:

"Os meninos estão querendo prazer? Eu posso proporcionar muito prazer para os lindões."

Eram quatro rapazes bonitos e bem aparentados. Eles estavam aparentemente embriagados, riam alto e perguntavam a Dandara se ela gostaria de provar dos quatro amigos. Dandara deu uma gargalhada e falou que faria por um preço bom e que eles nunca mais a esqueceriam. Eles abriram a porta do carro e Dandara entrou.

O carro saiu em velocidade pela rodovia BR 116 e Dandara estava no banco de trás. Ela não sabia que algo horrível estaria prestes a acontecer com ela. Os rapazes ainda brincavam e insinuavam que ela iria "morrer" de prazer.

O carro percorreu um trecho pela BR, entrou em uma estrada secundária, Dandara não observou e não perguntou para onde eles a estavam levando, ela confiou em seus clientes. Rapidamente, o carro entrou em uma rua desabitada e em um local tipo um galpão ao fundo. Dandara olhou apreensiva e percebeu que o semblante dos rapazes havia mudado. Eles já não eram mais quatro rapazes bonitos à procura de sexo. O prazer deles era outro. Dandara sentiu um frio na barriga e seu coração palpitou forte, quase saindo pela boca. Ali começaria uma noite de terror para a minha amiga.

Os rapazes desceram Dandara do carro puxando em seus cabelos e já começaram a espancá-la com muito ódio. Ela era espancada com chutes e socos. Ela caiu no chão e gritou alto, pedindo que eles não fizessem aquilo com ela. Chamou por socorro, mesmo sabendo que não seria ouvida por ninguém.

Os "monstros" começaram a contracenar um filme de terror ao qual eles eram os personagens principais. Cada um deles chutou Dandara e passaram a desferir golpes em seu rosto.

Eles perguntavam alto para ela:

"Quer ser mulher, viado? Então aprende a apanhar, pois mulher apanha."

Dandara, por mais que fosse boa de briga, não conseguiu neutralizar a agressão que sofria. Tentava apenas amenizar com suas mãos os fortes socos que atingiam seu rosto. Chorou, gritou e se debateu inconformada com aquilo que estava sofrendo. Quando os quatro homens cansados de bater em Dandara pararam a agressão por um instante, Dandara acreditou que aquela violência pararia ali. Começou a se levantar para ir embora, mesmo sem sequer saber onde estava. De repente um dos homens olhou para um canto da parede e avistou uma vassoura no local. Este correu alegre como quem acha um brinquedo, quebrou o cabo de madeira da vassoura e olhou para seus amigos, que também entenderam o que iriam fazer a partir daquele instante. Dandara percebeu a ação do rapaz, desesperou-se, lembrou-se de todos os conselhos de sua mãe e a grande preocupação que tinha em ver suas duas filhas gays e na prostituição. Ela fechou os olhos e pediu somente a Deus que a mantivesse viva.

Os montros a estupraram individualmente com o cabo da vassoura, a humilharam, cuspiram na sua cara e proferiram muitas palavras de ódio e desprezo.

"Viado imundo, tu merece morrer! Fica passando doenças pras pessoas por aí."

Num determinado momento, Dandara já exausta de lutar pela própria vida, sentiu sua vista ficar escura e embaçada. Falou em voz alta:

"Meu Deus, me ajuda, não me deixe só!"

Dandara foi encontrada desmaiada em estado grave. Foi levada para o Hospital de Messejana, medicada apenas das escoriações e levada para casa. Ao chegar em sua casa, foi aos poucos retornando ao mundo real, abriu os olhos e percebeu que ainda estava viva. Fechou os olhos novamente e, de forma aliviada falou baixinho.

"Obrigada, meu Deus, por não ter me abandonado."

Quando sua mãe viu sua filha chegar naquele estado, se desesperou e falou para todos escutarem:

"Eu sabia que isso um dia iria acontecer, mas vocês não me ouviam."

Ela olhava com a mão na cabeça em desespero e falava:

"Oh, meu Deus, que fizeram com meu filho?"

Dandara ficou em casa se recuperando, foram noites sem dormir, dores no corpo e em suas partes íntimas. Ela tinha pesadelos e sempre acordava no meio da noite assustada e, após muitas noites sem dormir por causa das dores, sentiu uma dor insuportável e pediu a alguém para levá-la para o hospital. Jorraina chegou em sua casa e chama uma ambulância. Dandara estava agonizando de dores, Jorraina a levou para um hospital e, chegando lá, logo foi diagnosticada com um coágulo no ânus, ela então foi medicada para aliviar as dores e sair da crise. Após o atendimento, Dandara iniciou um tratamento.

Durante o tempo de recuperação, Dandara recebeu uma visita muito agradável. Cândido ficou sabendo o que ocorrera com Dandara e foi logo fazer uma visita à amiga.

Cândido estava frequentando uma igreja evangélica, pois estava tentando entender ainda sua orientação sexual. Saiu de casa às pressas para ver Dandara. Chegando lá, ficou consternado com o estado de saúde de sua amiga, não parecia aquela Dandara alegre e palhaça, ela estava triste e com feição abatida. Entretanto, Cândido manteve equilíbrio para dar forças à sua amiga. Ele a abraçou, naquele momento passou um filme na cabeça dele, lembrou todas as loucuras e palhaçadas que fizeram juntos até ali. Cândido se lembrava dos conselhos que dera à Dandara sobre a prostituição, sempre falava para ela que seria uma violência contra seu próprio corpo.

Dandara sorriu com a presença do amigo, mas como sempre foi muito forte e não tocou no assunto. Lembrar não era bom, ela queria esquecer tudo aquilo que havia sofrido nas mãos daqueles monstros.

Cândido conversou sobre as outras travestis, perguntou como estavam todas e ainda foi retribuído com o bom humor de Dandara, mesmo naquelas condições.

"Para com isso, bicha! Tu nunca vai ser homem."

Cândido sorriu e disse:

"Só vou saber quando tentar."

Cândido foi embora ao final da tarde e, ao chegar em casa, teve uma crise de choro. Não conseguia acreditar que aquela amiga briguenta e justiceira estava naquelas condições. Contudo Cândido havia pressentido todo o perigo que suas amigas passariam adentrando naquele caminho. As premonições de Cândido estavam apenas começando.

Durante alguns meses, Dandara se manteve quieta em casa. Foi melhorando aos poucos e sendo acompanhada por um médico em um posto de saúde próximo de sua casa. Dr. João Paulo era atencioso e educado com Dandara. Ela se sentia muito segura com ele. E, assim, o pesadelo ia passando.

O retorno às ruas

No segundo semestre de 1999, após voltar à sua vida normal e com sua saúde restabelecida, Dandara se encontrava recuperada. Sem ter o que fazer e sem trabalho, resolveu novamente procurar João da Moto. Ela a encontrou e pediu para retornar para sua casa e trabalhar novamente nas ruas, achava que na Avenida Beira Mar não passaria por aquela violência novamente.

João aceitou e, novamente, Dandara volta para a prostituição. Assim, mais uma vez, ela voltava para o convívio com suas amigas travestis na rua.

Quando Dandara foi vista na Beira Mar, as travestis fizeram festa, todas queriam falar com Dandara e participar novamente de suas brincadeiras e palhaçadas.

No réveillon da virada do milênio, as travestis se reuniram, fizeram uma cota por pessoas e resolveram passar a virada na casa de João. Fizeram uma festa imensa, muita comida, bebida e a presença das travestis lindas e arrumadas.

Dandara neste dia foi o centro das atenções e fez a festa ficar animada. Com shortinho minúsculo, dançava como sempre "É o tchan" e se divertia muito.

Jéssica, Keyla, Jorraina, Silvinha, João da Moto, Michely, Daletty e outras amanheceram o dia descalças, dançando em companhia de Dandara. Tudo voltava ao normal. Ela sempre teve essa característica, nada a abalava, não a via triste, reclamando da vida. Para mim, ela sempre foi o amor, exemplo de alguém que só queria ser feliz. Era o jeito Dandara de ser.

Nesse ano, Jorraina resolveu trabalhar na casa de João como cozinheira; Silmara, umas das irmãs de Dandara, trabalhava como copeira. João começava a expandir seus negócios. Conheceu uma menor na Avenida Beira Mar que se prostituía e não tinha onde morar. Ela convidou a menor para morarem juntas. O apelido dela era Pulga, conhecida por ser uma máquina de fazer dinheiro. Pulga fazia muitos programas em uma noite. Após a ida de Pulga para sua casa, rapidamente João selecionou outras meninas, grande parte menores de idade.

Assim, a casa de João ficou com uma média de 16 pessoas, sete travestis, sete prostitutas, todas adolescentes, uma cozinheira e uma copeira. Estava montado um negócio lucrativo e perigoso.

João da Moto pensava em tudo, alugou uma "van" para levar as meninas para a avenida e elas pagavam por semana. O carro pertencia a um motorista de confiança de João. Também comprava roupas, perfumes, joias, sapatos e celulares, tudo era vendido com margem de lucro para as travestis e as garotas de programa.

A casa perto do Conjunto Ceará começou a ficar pequena para os negócios. João alugou uma casa maior no Bairro Granja Portugal e levou seu negócio para lá.

Dois dias após a mudança, João da Moto virou alvo de uma operação da Delegacia de Combate à Exploração de Crianças e Adolescentes, e foi presa por policiais em uma megaoperação que era fruto da instauração da CPI da prostituição*.

João ficou recolhida no extinto Presídio Olavo Oliveira, na ala das travestis, ela teve seu cabelo cortado na máquina, tipo careca. Para ela, foi o pior momento que passou dentro do presídio, sua identidade foi roubada e seu gênero não fora respeitado.

João ficou presa por um ano no regime fechado e, posteriormente, no semiaberto. Um ano depois, João da Moto foi posta em liberdade e dois

---

*Em 2011, foi instalada Comissão Parlamentar de Inquérito (CPI) para investigar o turismo sexual na capital cearense, cuja relatora foi a então vereadora Luizianne Lins.

dias após sua soltura, alugou outra casa e novamente voltava para os negócios relacionados à prostituição. Contudo, João passou a trabalhar somente com travestis e não mais com menores.

No ano de 2002, as mesmas travestis voltam a morar com João. Dandara é a primeira a retornar, Jorraina retornou, dessa vez não mais como cozinheira, mas agora como profissional do sexo também.

Onde tudo começou

Dandara nesse período começou a "bombar" mais ainda seu corpo. Muitas travestis que já possuíam silicone gel no seu corpo e também tinham desejo de colocar próteses de silicone sabiam que a única forma de realizar tal sonho seria viajando para São Paulo. E através do patrocínio de João, por meio de seu contato, Camila, de São Bernardo do Campo. Assim, começaram a viajar várias travestis para São Paulo.

Dandara tinha muita vontade de colocar sua prótese para que ganhasse mais dinheiro na prostituição e, assim, melhorasse de vida. Dandara começou a pedir a João para que ela a mandasse para São Paulo:

"Bicha, quero ir para São Paulo. Quero ganhar dinheiro lá e voltar com minhas próteses."

João fez o contato com Camila e financiou as passagens de Dandara. No mesmo ano, ela seguiu rumo a São Paulo.

A casa de Camila ficava em São Bernardo do Campo, mas a zona de prostituição era em Santo André. A casa de Camila, bem como as casas do gênero, cobrava na época trinta reais por diária, com direito ao café da manhã e a almoço. Na casa, as travestis apenas moravam e os programas eram realizados na rua ou em motéis.

Dandara chegou à casa de Camila e logo a conquistou também. Ela dormia durante o dia, e à noite, trabalhava nas ruas de Santo André. Rapidamente, fez sua parte que devia da passagem à Camila.

Nas ruas de Santo André, Dandara avistou de longe uma travesti morena de corpo torneado e cabelos longos. Ela gritou:

"Jéssicaaaaa!"

Jéssica Rodrigues, sua amiga de Fortaleza, também estava em São Paulo. Jéssica abraçou Dandara, feliz por reencontrá-la bem, após o episódio dramático que tivera em Fortaleza.

As duas saíram na noite paulista e foram tomar um drink para colocar os assuntos em dia. Em Santo André, existia um bar chamado "Bar da Marly", em que as travestis da rua se encontravam. Elas adoravam chamar Dandara para esse bar, que continha uma "vitrola" antiga em que as músicas eram escolhidas pela própria pessoa.

As travestis sempre chamavam Dandara para fazer seu show no bar para elas assistirem. Dandara escolhia sempre as músicas tipo dance ou funk, da época das festas do EME SOM. Ela subia em um alto, tipo palco e dançava para as outras travestis. Elas aplaudiam a desenvoltura de Dandara e falavam:

"Arrasou, amiga!"

Jéssica ficou apenas um mês em São Paulo. Havia ido com recursos próprios, não queria ficar devendo nada a ninguém e logo retornou para Fortaleza sem dívidas. Ela não gostou do que viu e ouviu por lá em pouco tempo. Ela viu travestis morando na rua, viu cafetinas humilhando as travestis, porque elas não haviam ganhado nada na noite, viu travestis chorando, pois não haviam comido nada naquele dia. Jéssica gostava do Ceará e achava humilhante estar longe de casa, sem família e ainda ter que se submeter àquele constrangimento. Então, retornou para a Terra do Sol.

Dandara continuou em São Bernardo com Camila. Muitas vezes, não havia ganhado nada na noite, Camila era louca por Dandara e sempre perdoava suas dívidas com as diárias, pois assim como as travestis que moravam lá, também tinha que pagar o seu dia.

Dandara era encantada com a noite paulistana, São Paulo era um lugar mágico para ela. Porém, nunca foi aquela travesti que ganharia muito dinheiro na prostituição. Ela ganhava algo, logo ia aproveitar a noite paulista e seus encantos.

Dandara ficou morando na casa de Camila por aproximadamente um ano. Ela saiu de São Bernardo do Campo para morar em Santo André na casa de outra travesti que conheceu, chamada Letícia.

A casa de Santo André era mais próxima da rua em que se prostituíam. Dandara ainda ficou por lá também cerca um ano, não conseguiu juntar dinheiro, tampouco colocar a tão sonhada prótese de silicone nos seios. Retornou para Fortaleza, e João da Moto a colocou em dois novos pontos de prostituição que havia aberto. Um ficava no bairro Castelão e outro em um posto de gasolina próximo de Horizonte (Região Metropolitana de Fortaleza).

Cada ponto de prostituição em Fortaleza tinha sua cafetina responsável. João era muito respeitada entre as cafetinas, tanto em Fortaleza, quanto em São Paulo. Quando Dandara estava por Fortaleza trabalhando em um ponto, e este não fosse um ponto com travestis conhecidas, bastava falar que trabalhava para "João da Moto" que todos a respeitavam também.

Dandara passou esse ano entre os dois pontos, pois a Beira Mar para ela estava fraca, havia muitas travestis por lá. Mesmo tendo passado um grande susto com a violência que sofrera, não conseguia fazer outra coisa que não fosse a prostituição. Sua mãe, sempre preocupada, falava:

"Dandara, não vá mais para esses lugares, tá tudo tão perigoso."

E ela sempre repetia a seguinte frase:

"Mãe, não vai acontecer nada comigo, porque eu não faço mal a ninguém. Eu tenho coração bom e Deus vê isso, não se preocupa."

O ponto do Castelão funcionava próximo ao Cemitério Parque da Paz, todos esses pontos inaugurados por João da Moto ainda existem até hoje. São conhecidos em Fortaleza pela prostituição de travestis. João da Moto fora pioneira nesse ramo e da forma como eram mantidos.

Enquanto Dandara seguiu se prostituindo entre os pontos de Fortaleza, sua irmã Keyla pediu a João para ir também para São Paulo. Esta rapidamente faz contato com Camila novamente e, em 2004 mudou-se para São Bernardo do Campo, em São Paulo.

Keyla era disciplinada na profissão, rapidamente pagou sua passagem a Camila, colocou próteses de silicone nos seios e começou a juntar dinheiro. Ela abandona o sobrenome Velaskes e passa a se chamar Keyla Milhões. Ela não bebia, não fumava e não usava drogas. Apenas juntava seu dinheiro e investia em sua aparência feminina. Mas o sonho de Keyla, assim como o de toda travesti que trabalhava na rua, era ir para a Europa.

Keyla morou um ano com Camila. Alugou uma casa tempos depois e passou a morar só. Em Fortaleza, as travestis tinham notícias que Keyla Milhões estava muito bem em São Paulo.

A casa de Keyla era ampla, bonita e muito bem mobiliada, porém ela não tinha muito tempo para organizar sua casa e se alimentava de quentinhas na rua.

Certo dia, Keyla ligou para sua mãe em Fortaleza para que deixasse Dandara voltar para São Paulo e morar com ela, para ajudar na casa e na alimentação. Dona Antônia ficou relutante, contudo Keyla prometeu cuidar de Dandara. Sua mãe permitiu que Dandara viajasse novamente.

A Inspetora Vitória

A viagem de Dandara estava programada para final do ano de 2005. Ela foi à minha casa e pediu para minha mãe me ligar, pois queria falar comigo. Nesse ano eu já tinha dois filhos, havia me separado e voltara a morar com minha mãe. Nossa amizade sempre foi assim, podíamos ficar anos sem nos vermos, sem nos falarmos, mas quando nos víamos era como se ainda fôssemos crianças, sempre existiu cumplicidade e um sentimento sincero de afeto.

Minha mãe me ligou e, quando voltei do trabalho, Dandara me viu chegar de carro, um Gol quadrado azul que possuía na época, e logo bateu no portão para falar comigo.

Lembro-me desse dia como um divisor de águas na vida de Dandara. Ela me falou que queria voltar para São Paulo e que dessa vez seria diferente, pois a vez que foi só não conseguiu ganhar dinheiro, mas agora ganharia, já que não pagaria diária e moraria com a irmã que estava bem em São Paulo.

Falei para ela que estava estudando para entrar na Polícia Civil do Ceará como investigadora, pois já havia feito uma prova e tinha passado, faltavam outras fases. Ela disse:

"Mona, tu vai ser 'Alibã'*? Ai que escândalo!"

Alibã é uma gíria usada na linguagem pajubá para se referir a policiais.

Conversamos muito naquela noite, Dandara ainda estava muito linda, corpo em forma, cabelos loiros bem tratados e pele limpa. Já que não consegui convencê-la a não ir para São Paulo, falei para ela que quando voltasse, fizesse um curso de cabeleireira e saísse dessa vida de prostituição. Ela concordou, abraçou-me e disse:

"Fica com Deus, viu, minha rainha! Eu volto logo. Prometo."

Dandara chegou a São Bernardo do Campo e começou a ajudar Keyla na casa. À noite, desceu para Santo André e voltou a fazer ponto por lá.

Nesse mesmo período, fui aprovada nas quatro fases do Concurso para Inspetor de Polícia Civil do Ceará e estava apenas esperando o início do curso de Formação na extinta APOC (Academia de Polícia Civil).

Em São Paulo, Keyla continuou a se dar bem na profissão, mas um dia ao chegar em casa, percebeu Dandara muito abatida e pálida. Dandara já vinha reclamando de dor muscular e dores abdominais, mas pensava que pudesse ser apenas um desconforto no estômago. Rapidamente as dores aumentaram e Dandara começou a vomitar. Keyla a levou ao hospital e lá é diagnosticada com hepatite.

Dandara ficou em São Paulo com Keyla cerca de oito meses. Retornou para Fortaleza e iniciou o tratamento para cura da hepatite.

As travestis da Beira Mar e de outros pontos ficaram sabendo que Dandara estava doente e se reuniram para visitá-la. Foram fazer a visita cerca de seis travestis, lideradas por Jéssica Rodrigues e Jorraina. Elas foram à casa de Dandara e passaram a tarde rindo com ela, que ficou imensamente grata e feliz com a visita das amigas. A recuperação durou cerca de dois meses.

Em novembro de 2005, fui convocada para a academia de Polícia Civil para iniciar o curso de Formação para Inspetores de Polícia.

Antes de iniciar o curso, fui à casa de Dandara para vê-la. Ao chegar, eu a encontrei deitada em uma rede, ainda em recuperação. Não era mais a mesma Dandara que foi na minha casa um dia antes de ir para São Paulo, ela estava visivelmente diferente, estava magra, abatida e sem aquele brilho de antes. Dei a notícia que entraria na polícia, e ela vibrou, achou muito legal, ela adorava falar para todas as travestis que sua amiga Vitória agora era policial, eu seria para ela uma "alibã".

Fui nomeada e empossada como policial civil em agosto de 2006. Minha primeira lotação foi na Delegacia da Criança e Adolescente, que trata do adolescente infrator. A primeira delegada com quem trabalhei possuía uma portaria do Ministério da Justiça para trabalhar com tráfico de pessoas no Ceará. Dra. Cândida Brum era destemida, com tirocínio para trabalhar com esse tipo de crime. Ali, tive meu primeiro contato com crimes relacionados à prostituição.

O tráfico de pessoas é uma atividade ilícita altamente rentável. Esse comércio de vidas humanas movimenta milhões de reais. Em geral, os aliciadores demonstram predileção por mulheres jovens, transexuais e menores.

Trabalhando nas investigações relacionadas ao tráfico de pessoas, seja interno ou de origem internacional, percebi que as travestis eram, de certa forma, aliciadas a ingressarem na vida de prostituição. A alocação e o recrutamento também fazem parte da conduta criminosa. Mas o meu lado humano e não de polícia observou a vulnerabilidade em todo o contexto que envolvia todas as travestis na prostituição, seja como cafetinas ou como donas de casas que abrigavam essas travestis para prática de sexo por dinheiro.

É um mercado complexo. Enquanto uma recruta, outra aloja, outra manda para a Europa, e aí vão todos se beneficiando de alguma forma.

Trabalhei em hotéis, em casas de prostituição e por vezes no aeroporto. Pude observar o submundo da prostituição e, como consequência, fui ficando mais sensível ao mundo de minha amiga Dandara.

O começo do fim

No ano de 2007, Jorraina viajou para São Paulo, desta vez não para trabalhar em casas como doméstica, iria para se prostituir. Meses depois à sua chegada, conseguiu uma vaga para Dandara ir trabalhar em uma casa na cidade de Taubaté.

Dandara pela terceira vez viajou para São Paulo para tentar a vida na rua novamente.

A dona da casa de Taubaté, uma travesti chamada Lady, era conhecida por ser rígida com suas "hóspedes". As travestis que não pagavam diária não se alimentavam no dia, até que fosse quitada a dívida atrasada.

Lady também tinha fama de cobrar as diárias atrasadas das travestis com muita violência. Ela esperava as travestis chegarem sob efeito do álcool em casa e aproveitava o estado de embriaguez delas para espancá-las.

As travestis não conseguiam fazer muita coisa, pois Lady era forte e cruel. Muitas não tinham para onde ir em Taubaté. Ou elas suportavam toda aquela humilhação, ou iam morar na rua.

Com Dandara não foi diferente, o jeito brincalhão e aquela mania de não pagar diárias que tinha na casa da Camila de Santo André não funcionavam muito bem com Lady.

Dandara chegava da rua, brincava, fazia resenhas e piadas, as travestis riam e adoravam Dandara, porém Lady não queria saber de piada, ela queria o dinheiro das diárias que Dandara devia.

Em uma noite em que Dandara estava nas ruas de Taubaté, Dandara dorme em outro lugar sem avisar para a cafetina. Esta imaginou que Dandara havia ido embora sem pagar o que estava lhe devendo. Lady resolveu ir até a um bar em que Dandara e outras travestis sempre terminavam a noite. Ao chegar lá, as travestis avistaram Lady e já ficaram espantadas, imaginando o que ela aprontaria no bar. Lady seguiu feroz como um animal em direção à Dandara e a pegou pelo braço. Ela a espancou com murros, chutes e, com uma tesoura, cortou o cabelo de Dandara bem curto, tipo homem. Dandara estava meio alcoolizada, não conseguiu se defender e ficou jogada no chão do bar. As outras travestis não se meteram na agressão, Dandara sabia que, se aquilo fosse no Ceará, Lady jamais sairia dessa sem ser punida também. Suas amigas a defenderiam.

No outro dia, Dandara foi embora triste e desolada. Encontrava-se com cabelos curtos, que eram tão bem cuidados por ela. Os cabelos de uma mulher representam sua feminilidade, sua maior característica que a identifica como mulher, é sua característica sensual e de beleza.

O cabelo é a moldura do rosto e influencia muito na autoestima feminina, o cabelo é um ingrediente fundamental de sua identidade. Para Dandara, ter seu cabelo cortado significava retornar a aparência de homem e a retirada de todo seu empoderamento. Sua identidade de gênero feminina* fora arrancada.

Dandara seguiu sem destino, quando uma travesti de nome Samara a viu perambulando pelas ruas de Taubaté e a convidou para ir a uma cidade do Rio de Janeiro de nome Três Rios.

Três Rios é uma das cidades do Rio de Janeiro que possui a céu aberto consumo, venda de drogas e exploração sexual. O local é amplamente conhecido em Três Rios como zona do baixo meretrício, ou "Rua das Primas". A cidade possui uma rua como centro da exploração, que é realizada na frente de todos. Contudo, as prostitutas ocupam a Rua das Primas e as travestis, os prostíbulos ditos "beira de estrada". Dandara chegou a um desses pontos sem higiene, sem conforto e rodeada de todo tipo de gente, são viciados, marginais e trabalhadores em busca de sexo barato. O sonho de muitas travestis em ir para Europa entrava em contraste com a ida para Três Rios, dali tudo se podia esperar, menos a ida para Europa.

Keyla teve sua passagem em Três Rios também, já havia saído de lá quando Dandara chegou. Keyla alguns anos antes havia recebido uma proposta para ir para Espanha e se prostituir por lá. Viajou com passagens financiadas por uma cafetina brasileira que morava na Espanha e, em um dia, embarcou rumo ao seu sonho.

A prática de captar mulheres e travestis para fins de exploração sexual em outro país configura o crime de Tráfico Internacional de Pessoas. Barcelona e Madri eram os destinos das travestis que seguiam do Brasil para a Espanha. As cafetinas orientavam como as travestis devem se comportar na entrevista realizada no Aeroporto de Madri ou Barcelona.

Keyla chegou ao Aeroporto de Madri e, na hora da entrevista realizada pelos oficiais da imigração comete um erro.

Os oficiais perguntaram:

"Quanto a senhora possui de dinheiro para utilizar na viagem?"

Keyla respondeu que possuía quinhentos Euros.

O oficial perguntou onde ela ficaria hospedada, e Keyla responde que em um hotel quatro estrelas durante um mês.

---

*Em 2017, uma juíza, da Vara de Execuções Penais do Distrito Federal, autorizou a direção do Centro de Detenção Provisória (CDP), a manter o comprimento dos cabelos de detentas travestis e transexuais, e não mais os cortar, como fazem com os homens presos no Complexo Penitenciário da Papuda.

Os oficiais negaram o visto de entrada no país, alegando que o valor declarado por Keyla seria incompatível com o hotel em que pretendia ficar hospedada.

Keyla retornou para São Paulo e encontrava-se arrasada por seu sonho ter chegado tão perto de ser realizado.

Ao retornar, Keyla é motivo de piadas por outras travestis, elas fazem resenhas, tiram brincadeiras e falam que ela "vacilou" na hora da entrevista. Talvez Dandara, mais esperta, não tivesse cometido esse erro.

Keyla ficou deprimida, inconformada com tudo que passara até ali. Retornou para as ruas ainda com uma reserva boa de dinheiro, então ela passa a gastar com banalidades. Ela alugava carros e rodava a noite paulistana sem destino. Gastou toda a reserva de dinheiro que ainda possuía, e em seguida ligou para sua mãe pedindo socorro, e esta, com seu coração de mãe preocupado, fez o sacrifício de comprar a passagem para que Keyla retornasse para casa.

Keyla voltou para Fortaleza irreconhecível aquela travesti conhecida por ganhar muito dinheiro na rua estava sem nada, magra, depressiva e prostrada no fundo de uma rede. Ali, iniciava um novo ciclo na vida de Keyla. A prostituição e as ruas não traziam apenas dinheiro e prazer, ela cobrava alto de suas vítimas, cobrava o pagamento pelos anos dedicados à prostituição, e muitas travestis pagavam com sua própria vida.

Enquanto isso, meses depois, foi a vez de Dandara retornar para Fortaleza e ser seu último retorno. Dandara encontrava-se muito debilitada de saúde, o coágulo que tinha adquirido no estupro entrou em crise e ela também apresentava um problema no esôfago. Sua mãe teve notícias de que Dandara estava muito mal na cidade de Três Rios e buscou saber o que estava acontecendo. Keyla já estava em casa e apresentava problemas de saúde e sem dinheiro, agora sua mãe teria que conseguir dinheiro para trazer também de volta sua filha Dandara.

A notícia

Aquele retorno representou para Dandara muito mais do que um sonho não realizado. Ela estava visivelmente com problemas graves de saúde enquanto esteve em São Paulo e Rio de Janeiro, nunca foi ao médico. Aqui em Fortaleza, se estivesse nessas condições, logo teria apoio do GRAB ou da ATRAC, as duas associações LGBTQI+ de Fortaleza.

Dandara, já em casa, não obteve melhora em seu problema de saúde, a cada dia ficava mais magra, não se alimentava de nada sólido.

A mãe de Dandara resolveu levar sua filha para um hospital. Chegando lá, rapidamente a encaminharam para o hospital São José. O hospital São José é público e trata de pacientes com doenças infecciosas agudas.

Lá, Dandara passou por entrevista para saber o histórico de suas doenças anteriores e também por uma bateria de exames.

No fundo, todos já sabiam que doença Dandara estava acometida, mas ninguém queria tocar no assunto. A própria Dandara burlou-se durante anos, ela não queria fazer o exame, tinha medo, tinha certa superstição ou mesmo sua fé em Deus e esperança de que isso não aconteceria com ela. Contudo, naquele dia Dandara manteve um diálogo com Deus e pensava:

"Meu Deus, fiz tudo errado na minha vida, de quem é a culpa? Não há culpados, somos todos humanos e temos a chance de recomeçar."

Dandara recebeu o resultado dos exames acompanhada do médico, em uma sala isolada.

Naquele dia, ela pensou que tudo que já sofrera até ali não era nada diante da notícia que estava prestes a receber. Dandara abriu os exames e o médico a informou que ela era portadora do vírus HIV. E que pelos níveis baixos da carga viral, deveria ter contraído há um bom tempo.

Dandara refletiu, pensou, lembrou de coisas na sua trajetória na prostituição. Lembrou da hepatite que tivera em São Paulo, lembrou das vezes que usou drogas, de quando teve relação sem camisinha, mas um fato a fez ser transportada para a Av. Beira Mar, no ano de 2001. Ela se lembrou do italiano que ela julgava estar apaixonado por ela, aquele que lhe pagava mil reais para que tivessem relações sexuais sem preservativo. Dandara confiava nele, em sua cabeça, ele parecia ter algum sentimento por ela, mas logo se lembrou da importância dada a ele por uma noite de sexo sem camisinha.

Dandara sentiu seus pés saírem do chão, sente um buraco abrir ao seu redor. Para sua infelicidade, Keyla continuava depressiva e, meses depois, também fora diagnosticada soropositiva. Agora ambas seriam alvos de duplo preconceito, por serem travestis e "aidéticas"*.

Dandara passou a fazer o tratamento à base de coquetéis e medicação forte com efeitos colaterais. Pouco a pouco, foi recuperando peso, voltando a comer sólido e a se movimentar sem dores e fadiga no corpo.

Durante aproximadamente um ano, Dandara já se encontrava melhor de saúde. Contudo, aquela forma física de quando fazia ponto na Beira Mar não recuperou mais.

Quando estava mais apta a se movimentar e a manter uma vida normal, começou a trabalhar fazendo bicos para amigos e famílias

---

*À época, este termo ainda era amplamente utilizado. "Aidético" é um termo pejorativo, discriminador e preconceituoso para rotular pessoas que vivem com HIV. O termo correto é "soropositivo" ou "portador do vírus HIV".

próximas a nossa casa. Nesse período, deixei de morar com minha mãe e fui morar sozinha com meus dois filhos.

Dandara sempre andou na minha casa com toda liberdade, ela era como se fosse da minha família. Ela nunca gostou de falar sobre a doença, sobre a "SIDA", como é conhecida pelas travestis. Percebia que ela não gostava de falar sobre isso, então não tocava no assunto e assim eu a respeitava. Contudo, seguia sua vida da mesma maneira, alegre, palhaça e brincalhona. Não deixou a doença afetar seu espírito, sua alma, sua essência.

Passava pelas ruas das "novecentos" distribuindo simpatia, ainda com a mania de apelidar a todos. Dandara adorava falar de São Paulo, dos hábitos, do povo e da cultura, acho que tinha devaneios, quando falava em voltar para o ABC Paulista. Já com relação ao Rio, ela não se mostrava muito simpática em retornar.

A nova Dandara

Dandara continuou sua vida sem a prostituição. A doença trouxe uma nova rotina para ela. Sua vida boêmia já não mais fazia parte de sua vida. Com a mudança, Dandara teve que procurar alguma maneira de trabalhar e ganhar dinheiro. Começou a informar aos moradores da 4ª Etapa do Conjunto Ceará que estava fazendo faxina e cozinhando quando necessário. Tão logo as pessoas ficaram sabendo, passaram a chamá-la para diversos serviços. Muitos a chamavam para ajudá-la e alguns a chamavam pelo preço abaixo do mercado que fazia.

Muitas vezes, Dandara fazia faxinas ou ajudava alguém conhecido sem pretensão de ganhar algo; gostava de ajudar as pessoas, de se sentir útil. Na realidade, ela sempre foi essa pessoa, apenas o meio era outro. Ela era solidária e colaborativa com suas amigas de rua e assim, voltando ao convívio de sua família e da comunidade, a qual a conhecia desde criança, ela havia voltado para casa, voltava para seu casulo.

O Grande Bom Jardim

Em maio de 2010, fui transferida para a delegacia do bairro Bom Jardim. O bairro era próximo ao Conjunto Ceará.

O Grande Bom Jardim envolvia cerca de quatorze bairros e uma população estimada na época de duzentas mil pessoas. A comunidade era extremamente carente e deficitária de políticas de governo. O GBJ é uma área onde se concentravam os piores indicadores sociais e econômicos de Fortaleza. Em 2009, o bairro foi contemplado por um projeto do Governo Federal, que o elencou como o bairro com maior número de homicídios na cidade de Fortaleza.

Meu destino cruzou com esse bairro carente, o qual terá grande importância como profissional na investigação da trágica morte de Dandara.

Na época que recebi a notícia que iria para o 32º Distrito de Polícia, chorei de raiva. O distrito não tinha boa fama na instituição e era extremamente precário de efetivo. Eu era uma policial novata e estava vindo de um departamento com status, trabalhava no Departamento de Inteligência, e o Bom Jardim não era o que eu queria.

Logo que assumi no bairro, fiz parceria com um policial antigo e ali começamos a trabalhar juntos. Aquela policial cheia de pose e status logo fora sendo transformada pelo convívio e experiência com um policial dedicado, educado e ético. Fui me envolvendo com o bairro, fui aprendendo com o Arimatéia e logo frutos foram surgindo. Em 2012, fui promovida a chefe de investigação, a delegacia passava por uma reestruturação de equipamentos e efetivo. Eu comandava uma equipe com dezesseis policiais. Nos anos seguintes, formamos uma equipe imbatível de combate ao crime. Na época, o bairro possuía o maior número de homicídios em Fortaleza. Chegamos a fazer nove locais de crime de homicídio em um só dia.

O convite para chefia veio de um colega que era inspetor e havia trabalhado comigo na inteligência. Rudson Rocha agora era delegado de polícia e formamos uma das mais atuantes equipes de investigação do Estado do Ceará. Prendemos os cabeças do tráfico, desbaratamos quadrilhas especializadas e reduzimos os índices de homicídios de uma média de trinta por mês para dez. Conquistamos a credibilidade da comunidade do Bom Jardim e a confiança da população. Fiz amigos para a vida toda naquele bairro, amigos comerciantes, amigos vítimas e amigos familiares de pessoas assassinadas. Criamos uma rede de colaboradores e, assim, fomos conquistando nosso espaço e respeito no bairro. Tenho profundo apreço por aquela comunidade que me acolheu e que me formou como profissional, foi em meio ao "castigo", que chamamos na polícia de "cruzeta", que vivi os momentos mais felizes e realizados de minha profissão.

Nesse período, Dandara trabalhava em minha casa como doméstica. Comecei a fazer faculdade de Direito à noite e não tinha tempo para nada. Dandara chegava, fazia almoço e organizava minha casa. Ela adorava meus gatos e cachorro. Conversava com eles como se fossem gente. Minha filha Nicoli desde pequena a chamava por um nome masculino engraçado (ela não sabia pronunciar quando pequena e acabou acostumando de chamá-la assim, ela não ligava, fazia era rir).

Meus amigos policiais muitas vezes frequentavam minha casa, entre operações ou mesmo sem estarem trabalhando, eles sempre encontravam Dandara. Ela adora vê-los, achava-os lindos naquelas viaturas e com aquelas roupas pretas, ela se exibia quando fazia brincadeiras e mandava beijos para eles.

Quando os via, dizia:

"Como tu aguenta, mulher, trabalhar só com bofe lindo?"

Meus amigos policiais nunca a destrataram, nunca mostraram preconceito ou qualquer sentimento de desprezo em relação a ela.

Ano a ano, sua aparência vinha mudando. Ela ficava mais magra, geralmente tinha crises, passava dias sem comer e sempre perdia peso e não o recuperava mais.

Continuava a sair à noite com as travestis amigas pelos arredores do Conjunto Ceará e sempre continuava palhaça e engraçada.

Jorraina e Silvinha nunca a abandonaram. Sempre estavam por lá, elas se mudaram da Rua dos Viados e foram morar em um bairro próximo ao Conjunto Ceará. Mas aos fins de semana, se reuniam e iam para a casa de Dandara. Os programas não eram mais os mesmos, elas iam para o forró, iam para uma boate LGBT na Praia de Iracema e ainda se divertiam como antes. A doença apenas mudava a aparência de Dandara e a tirou forçadamente da prostituição, mas as diversões entre amigas eram as mesmas.

A João da Moto abandonou o mundo de cafetinas e prostituição, vivia da renda de um sítio e casas alugadas. Ela continuava amiga de Dandara, vez por outra elas saíam juntas também.

Lembro-me de que um dos eventos mais esperados no ano por Dandara era a Parada Gay*. Ela amava participar. Juntava-se a todas as amigas que conheceu ao longo dos anos na Avenida Beira Mar. Sempre chegava me contando tudo. Falava os nomes de todas. Dizia que fulana estava em São Paulo, outra no Rio, falava quem estava na Europa, quem havia morrido ou quem estava doente.

Certa vez, foram à Boate Divine. Era uma boate LGBT localizada no Centro de Fortaleza. Dandara foi com uma travesti amiga chamada Ritiely Menegassi. Ao chegar, Dandara aprontou uma de suas peças; conheceram uma lésbica e passaram a noite conversando com ela.

*Parada pela Diversidade Sexual do Ceará.

Ritiely não se caracterizava de mulher sempre e nesse dia estava com traje masculino. A lésbica perguntou a Dandara:

"Vocês são parentes?"

Dandara respondeu:

"Somos casados, querida!"

A lébisca ficou curiosa com o que Dandara falou e foi perguntando sobre a relação dos dois. Ritiely apenas ria mas não conseguia desmentir Dandara, contudo a conversa inventada por Dandara fez a lésbica pagar cerveja para elas a noite toda e assim passaram a noite bebendo sem gastar um centavo.

Dandara sempre se divertia e sempre estava feliz. Quando ficava organizando minha casa, gostava de ouvir a rádio Cidade 99.1 em um programa matinal chamado "Amnésia". Nele tocavam músicas antigas da nossa época, as mesmas que ela ouvia também no bar da Marly em São Paulo e da época do EME SOM. Muitas vezes, eu estava tomando banho ou no meu quarto e ouvia o grito dela:

"Uhuuuuuuu! Vi, essa música é a nossa cara!"

Ela ouvia, cantava e dançava com a vassoura na mão por toda a casa.

Eu gostava dela perto de mim, tinha alguém para conversar, eu confidenciava para ela minhas angústias e meus problemas femininos. Ela sempre ouvia com muita atenção.

Ela cozinhava para mim e os meninos. Eu adorava a comida dela. Ela comia junto conosco à mesa, usava meu banheiro, comia com meus pratos e talheres, nunca a questionei sobre a doença ou fiz separação em minha casa. Ela era higiênica e organizada.

Em um fim de semana, Dandara foi com suas amigas para um forró numa casa de shows. O forró ficava no Conjunto Ceará, e era a sensação do momento.

Michely, Jorraina, Silvinha e Ritiely estavam com Dandara, que neste dia, foi usar o banheiro de mulheres. Um rapaz a viu entrando no banheiro e se sentiu incomodado, mandou que ela usasse o banheiro de homens. E disse:

"Tá ficando louco, viado? Vai usar o banheiro de macho, que é o que tu é!"

Dandara disse que ela usaria o de mulher, e o rapaz com muita truculência passou a agredir Dandara, as outras travestis viram de longe e logo correram para neutralizar o agressor. Porém, Dandara já havia levado uns socos.

Ainda foram à mesma casa de show outras vezes e lá o episódio se repetiu. Dandara estava dançando, alegre, com suas amigas, ela sempre se destacou nas coreografias das danças e aquilo afrontava o ambiente. Forró é uma dança de casal, e há a presença de muitos homens. Alguns não gostaram da exposição de Dandara e a empurraram, ela reclamou e logo recebeu um soco no rosto, novamente ela foi agredida de forma covarde.

No dia seguinte, ela chegou a minha casa com olho roxo e me contou de forma bem humorada tudo que acontecera no forró. Isto não a deixava triste, superava sempre com suas piadas.

Dandara já vinha emagrecendo ano a ano. Essas agressões ocorriam e o estado de saúde dela não a permitia sequer defender-se das ações covardes que sofria. Já estava magrinha, com aspecto envelhecido, havia começado a beber. Para ela, o álcool era uma fuga, recuperava a alegria de antes e se divertia da maneira que podia.

O dinheiro que ganhava servia para suprir suas necessidades pessoais e para ajudar sua mãe, a quem Dandara dedicava uma proteção excessiva. Dandara mantinha um cuidado muito grande com Dona Antônia. Preocupava-se com seu bem-estar e principalmente com a saúde e se havia algo para comer em casa. Muitas vezes, guardava a comida dela em minha casa e não falava nada, apenas levava em um vasilhame e depois me falava que havia dado à mãe dela. Era uma preocupação linda, percebia o amor que sentia por aquela mãe que deu sua vida pelos filhos.

Keyla não conseguia sair da depressão. Nunca teve o mesmo temperamento de Dandara, era introspectiva e arisca. O insucesso na vida "profissional" aliado à frustração de não ter entrado na Europa fizeram com que Keyla caísse na depressão. Quando estava sob efeito do álcool, ficava agressiva e violenta, e isso preocupava muito Dandara que, muitas vezes, chegava cedo a minha casa e por vezes arranhada. Keyla era forte e, quando em estado agressivo, algumas vezes, batia em Dandara. Principalmente quando esta queria defender sua mãe do comportamento de Keyla.

Lembro-me de ter visto Dandara chorando, certo dia. Foi a única vez que a vi com lágrima nos olhos. Ela chegou meio arranhada e falava inconformada:

"Keyla tá lá em casa fazendo um escândalo, mulher! Ela não vê o que nossa mãe já passou, devia se conformar com a situação dela, já passou, não tem mais segunda chance, agora vai ficar fazendo minha mãe sofrer."

Aos poucos, ia se acalmando e se ocupava com os afazeres da casa.

No ano seguinte, não pude mais pagá-la, e Dandara não trabalharia mais em minha casa. Aquilo me deixou deveras triste, sei o quanto ela precisava e o quanto gostava de estar na minha casa. Acho que para ela era um refúgio. Porém, muitas vezes, ficava calada e não falava nada a respeito de problemas.

Mesmo não pagando mais o salário para Dandara, ela continuou indo a minha casa diariamente, também teve mais tempo de fazer outras coisas. Ela fazia serviços básicos de cabeleireira, fazia pequenos favores, como pagar uma conta de energia ou boletos bancários, ia ao supermercado fazer pequenas compras e, assim, servia a todos os moradores que ela conhecia desde criança.

A homofobia velada

No ano de 2014, ainda na delegacia do Bom Jardim, recebi uma ligação pela manhã.

Rudson, o delegado, me ligou para informar sobre um duplo homicídio no bairro. Rapidamente me aprontei e fui para o local do crime.

Chegando lá, já havia outras duas equipes de outras delegacias. Reunimos a nossa e começamos a investigação. As vítimas eram dois rapazes, seus corpos estavam envolvidos em um saco plástico e estavam sem roupas, haviam sido mortos por golpes de machado e um deles estava praticamente degolado. Aquilo, depois de alguns anos de polícia, nos deixa um pouco insensíveis. Ver gente morta, não importava de que forma fosse, não nos abalava mais, continuávamos na cena, cumprimentando os colegas, fazendo piadas uns com os outros e parecia que não há ninguém morto ali. Apesar do amistoso, todos já estavam focados na missão, pois desde o início do exercício da função sabemos nossos deveres.

Começamos a coletar dados e saber quem eram as vítimas, fui juntamente com Rudson analisando o rastro de sangue e as pegadas que supostamente levaram as vítimas até o local. O sangue foi diminuindo e logo se encontrou com um local limpo e lavado no cruzamento de duas ruas. Um rapaz estava na frente de um local no qual funcionava uma vacaria clandestina que abatia gado, ele lavava a calçada no momento.

Fui falar com ele e pedi autorização para entrar no local; ele informou que outra equipe com um delegado já havia entrado e olhado. Insisti para que ele permitisse que nós do 32º Distrito adentrássemos novamente e este permitiu. Ao entrarmos, vimos muito sangue na parte de trás da vacaria e este falou que um boi havia sido abatido na noite anterior. Não satisfeita com a resposta, fomos a outro cômodo da casa e lá encontramos muito sangue e pedaços de colchão encharcados de sangue. Naquele momento, já havia formado minha linha principal de investigação, o crime se dera naquele ambiente. Faltava elucidar como foi a dinâmica, a motivação e os autores do crime.

O rapaz que estava varrendo lá fora, ao reparar nossa movimentação, conseguiu sair do local sem deixar pistas. Quando percebi que ele havia fugido do local, me desesperei. Sabia desde o rastro de sangue que estávamos no caminho certo. Outra equipe foi tentar encontrá-lo e nós continuamos a nossa investigação.

Em outro cômodo, havia um senhor dormindo em uma rede como se ali nada tivesse acontecido. Acordamos o homem e o levamos para o carro para uma entrevista. Edilson, meu colega de equipe, de maneira persuasiva, conduziu a conversa e rapidamente o senhor falou o que se passara. Rafael Neguinho, o que fugira, juntamente com seu filho, matou os dois rapazes dentro da vacaria com golpes de machado, e ambos levaram os dois corpos em um carrinho de mão para desová-los atrás do Cemitério do Bom Jardim. O senhor não relatou o motivo e apenas disse que assistiu a tudo e ajudou a colocar os corpos no carrinho de mão.

No mesmo instante, capturamos o seu filho que estava nas proximidades e este também não falou o motivo, apenas me contou um fato curioso, e justamente por isso estou detalhando um dos inúmeros crimes de homicídio que tive oportunidade de investigar. Um dos jovens que havia sido assassinado naquele episódio era homossexual assumido e usava trajes femininos. O jovem falou aquilo como se para ele tivesse alguma importância.

Antes de levarmos todos os acusados para a delegacia, fui até o local que era um matagal, o qual se localizava atrás da vacaria. Lá, encontrei um colchão no chão com as roupas das vítimas e uma camisinha jogada ao chão. Colhi todo material, e assim nos dirigimos para a delegacia.

Para mim, aquele crime não estava totalmente esclarecido, mas mesmo assim o flagrante foi lavrado e pai e filho foram presos.

No outro dia, pela manhã, lembro que estava tomando café, quando Dandara chegou. Ela sentou na sala e ligou a televisão, pois adorava assistir a programas policiais. Colocou em um programa, e lá estava passando a reportagem da elucidação do homicídio. Ao terminar, ela vibrava quando me via passar na TV. Comecei a contar o que me intrigou naquele homicídio, falei que uma das vítimas era homossexual e Dandara silenciou, ouviu tudo. Ao final, falou:

"Querida, os homens mataram a bicha, porque a viram transando com o outro que morreu também. Sempre tem dessas coisas no nosso meio. Tem homem que nos odeia, e aquilo na frente deles é uma afronta ao seu machismo. Que horror... A pobre bicha morreu de graça, nua e num carrinho de mão, que triste fim!"

Aquele homicídio ficou na minha cabeça, pela forma brutal e pela motivação. Eu sempre mantive simpatia pelos gays, fiquei realmente com dó da vítima morta e quase degolada.

Mesmo com certa insensibilidade, essa característica não nos tira o desejo de fazer justiça, de nos envolvermos com o caso e familiares das vítimas.

O homicídio foi elucidado, contudo a motivação ficou apenas na minha cabeça, nada fora colocado em depoimento ou relatório.

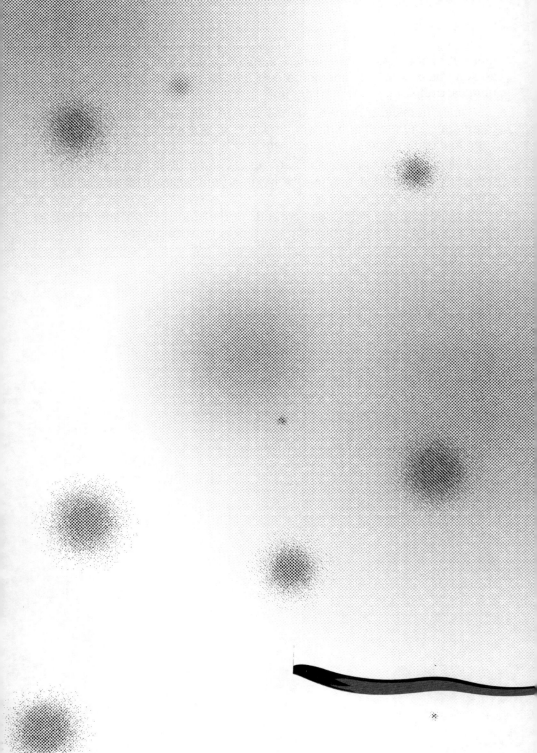

Últimas lembranças

No ano de 2016, Dandara já não tinha mais muita mobilidade. As faxinas quase não apareciam e ela já não tinha tanta disposição e força para o trabalho braçal. A doença definitivamente lhe deixava fadigada e sem disposição.

Os moradores da 4ª Etapa costumavam fazer doações de roupas, sandálias e acessórios para Dandara. Eram roupas masculinas e femininas. Ela recebia as doações com alegria, fazia trocas e vendia as peças entre as pessoas que conhecia na comunidade. Quantas vezes chegou na minha casa querendo me vender algo e falava:

"Vi, essa blusa aqui é tua cara!"

Ela era uma excelente vendedora. Ou comprávamos a peça, ou ela empurrava goela abaixo, não tinha jeito.

Com o número de peças que possuía, montou um bazar na esquina da Rua 924. Era uma variedade de roupas, bolsas, sapatos. As pessoas passavam pela rua e paravam para comprar no bazar de Dandara, que como sempre fazia de seu bazar uma feira alegre e barulhenta.

Dandara mantinha seu bazar como fonte de renda, mas o dinheiro era tão pouco que não dava para ela se manter. Muitas vezes, pedia um real às pessoas que eram mais próximas. O dinheiro sempre servia para ela comprar seu cigarro, pois nunca havia largado o vício. As pessoas da comunidade já sabiam que Dandara passava todas as tardes. E muitos, sabendo que ela gostava de café, logo a ofereciam.

Ela passava à tarde sempre por volta das dezesseis horas na casa da minha mãe. Sentava-se na calçada com meus pais e sempre conversava com eles. Ela chamava meu pai carinhosamente de "Seu Ó". Lembro que nessa história de pedir um real, certa vez, fez algo que meu pai quase morreu de rir.

Na frente da nossa casa, mora um senhor do tipo conservador, mas querido por todos da rua. Dandara sempre tinha hábito de lhe pedir um real também. Em uma dessas passagens de Dandara pela rua, foi até a casa desse senhor e abriu o portão, lá estavam o senhor e algumas visitas de sua família. Dandara olhou para o senhor, colocou uma mão em cada parede da entrada do portão pequeno e falou com aquela voz de travesti da Beira Mar:

"Seu Antony, cadê meu pagamento do serviço que lhe fiz?"

Nesse momento o senhor quase morreu de vergonha na frente de seus convidados, ele sabia que Dandara estava lhe pregando uma peça, mas não conseguiu se explicar da situação. Ele pegou a moeda de um real, deu na mão de Dandara e disse:

"Toma, viado besta, agora vai embora."

Dandara foi até meu pai, que sempre foi piadista também, e os dois riram de tudo.

Seu jeito andando pelas nossas ruas é algo que ainda todos lembram. Quando a víamos com aqueles cabelos loiros e aquele rebolado só seu, sabíamos que íamos rir e conversar com ela. Entre pedidos de um real, suas piadas e café, nosso bairro tinha uma personagem que todos adoravam: Dandara era da nossa rua, era da Rua das bichas. Porém, ela pertencia a todos; era do Polo de lazer, do Jequitibar, do EME SOM, da Jurema, do Marinheiro Popeye, do Mucuripe, da Beira Mar e até de São Paulo e Rio. Onde passou deixou sua marca, sua alegria, sua vontade de viver e ser feliz.

A rotina de Dandara era tomar café, vender suas roupas, pedir um real para seu cigarro e ir todos os dias na minha casa.

Ela chegava à minha casa antes que eu saísse para trabalhar, chegava antes das oito, lavava minha louça, organizava minha casa e, às vezes, preparava algo para comer. Sempre retornava no final da tarde; ela esperava que eu passasse com carro e eu já sabia. Dava um toque com os faróis e era o sinal de que ela poderia ir para minha casa. No final da tarde, sempre perguntava o que eu estava precisando e eu falava:

"Organiza a bagunça, Dandara."

Quando ela saía de minha casa, sempre olhava para meus cachorros (na época tinha dois, Chocolate e Swel) e se despedia de ambos:

"Tchau, viu, meus amores. Te amo Late, te amo Swel!"

Muita gente não entendia o mundo dela. Certa vez, um rapaz estava com ela em um bar e a bateu porque Dandara bebeu a cerveja dele no mesmo copo que o rapaz bebia. Ela era assim, criava laços rapidamente, gostava das pessoas, de fazer amigos para conversar, não falava mal de ninguém. Às vezes, acho que apesar de tudo que fez e onde morou, ela era meio inocente, não acreditava na maldade humana. E foi essa confiança que a levou para boca do lobo.

Foi nesse mesmo ano que a vida de Dona Antônia começou a desmoronar, Dandara e Keyla não faziam o tratamento para AIDS com disciplina, como consequência viviam com imunidade baixa e com diversas crises.

Dona Antônia não tinha transporte, e muitas vezes que suas duas filhas adoeciam, tinham que chamar uma amiga próxima que possuía carro para levá-las até o hospital São José.

Kelly era filha de Dona Ofélia, há anos amiga da minha mãe, e que morava nos fundos da minha casa. Durante anos, na infância, eu e Dandara roubávamos goiaba do quintal de Dona Ofélia e ela nunca soube.

Em uma tarde de aflição, Dona Antônia viu Keyla passar mal e ligou para Kelly ajudá-la a levar sua filha para o hospital.

Kelly chegou à casa de Dandara e logo foi ao encontro de Keyla. Kelly era uma evangélica fervorosa e percebeu que Keyla está mal. Fez uma oração, olha para Keyla e pergunta:

"Meu amado, você quer aceitar Jesus como seu único Salvador?"

Keyla, já com dificuldade de falar, respondeu com lágrimas nos olhos que sim. Segundos depois Keyla faleceu.

A morte dela trouxe para Dandara muita tristeza. Passou dias de luto e preocupada com sua mãe, que havia perdido sua menina Keyla, a "caçula" de seus nove filhos, era a que mais ela apostava. Para ela, a morte de Keyla tinha um culpado: a prostituição.

15 de fevereiro de 2017

Era uma manhã de fevereiro no Conjunto Ceará, eu estava me preparando apressada para ir trabalhar. Nesse ano, eu era Inspetora Chefe da Delegacia do Bairro Conjunto Ceará, já estava lá há um ano e agora trabalhava perto de casa.

Foi quando ouvi a voz de Dandara no meu portão:

"Rainha, minha deusa!"

Ela sempre me chamou assim. Eu brigava com ela e falava:

"Para com essa besteira de me chamar de rainha, Dandara!"

Ela abriu aquele sorriso e entrou.

Nesse dia, meu cachorro Chocolate estava doente, havia feito uma drenagem na orelha e a casa ainda estava suja com sangue. Dandara olhou para mim e falou:

"O que eu faço? Lavo a área?"

Respondi do quarto enquanto me vestia:

"Lava, sim."

Ela terminou de lavar a área e eu ainda estava apressada e atrasada. Lembro desse dia ela com dó do Chocolate, ficou do lado dele, fez carinho no cachorro e sempre falava:

"Tadinho do Late, ele vai ficar bom, né, Vi?"

Tomamos café juntas, ela adorava fazer o café bem forte e sempre tínhamos uma mania de criança, mania da época em que tomávamos café às tardes na casa da minha mãe. Sempre que terminávamos, bebíamos água. Nós achávamos engraçado, porque gostávamos, e porque sempre ouvíamos minha mãe falar:

"Menina, os dentes de vocês vão cair, faz mal tomar café e beber água."

Nós ríamos quando crianças, não a obedecíamos, bebíamos aquele copo de água gelada e suspirávamos com prazer. Nós levamos esse hábito para nossa vida adulta. Só servia beber água depois do café se fosse ao lado dela, sozinha não tinha a mesma sensação. Hoje, sempre tenho a impressão de que ela está rindo ao meu lado quando estou bebendo aquele copo de água após o café.

Eu já estava no portão para ir trabalhar e esperava a Dandara terminar de guardar a louça.

"Anda, bicha, estou atrasada!" Ela respondeu alto:

"Terminei, mulher! Te acalma!"

Entrei no carro, Dandara fechou o portão e me deu a chave de casa na minha mão. Olhou para mim e disse:

"Eu volto à tarde, Vi?" Respondi:

"Volta sim, vou chegar morta de cansada!" Ela perguntou:

"Que horas tu vem?" Falei:

"Lá pelas cinco da tarde."

Despedimo-nos e segui para a delegacia.

Se eu soubesse que essa seria minha última despedida dela, teria ficado em casa com ela vendo TV na sala, deitadas no chão com as pernas para cima, assim como fazíamos quando criança, quem sabe conversando e fumando ou ainda esperando ela terminar de fazer o almoço para saborear sua comida deliciosa.

A triste notícia

Cheguei na delegacia e foi um dia normal, entre atendimentos ao público, brigas de vizinhos, denúncias de drogas e investigações de homicídios. Eu vivia um dia de rotina em uma delegacia de polícia.

Já estava indo embora e cansada, lembrei que Dandara estaria me esperando e me ajudaria na casa bagunçada pelos meninos.

Às cinco da tarde, peguei minha bolsa e entrei no carro para ir embora. Quando abri a porta, meu telefone celular tocou três vezes. Vi que era minha mãe, não atendi e em seguida retornei a ligação:

"Oi, mãe!"

Minha mãe respondeu um oi diferente de quando costumava me ligar, falei imediatamente:

"Que houve?"

Ela silenciou por alguns segundos e logo falou com uma voz trêmula e nervosa:

"Vitória, você não sabe o que aconteceu..."

Meu coração palpitou forte, eu esperava uma má notícia, só não imaginaria qual seria. Nunca esperamos receber notícias ruins, e nem estamos preparados para tal.

Minha mãe estava com voz de choro, então pedi que ela falasse logo.

"Mãe desembucha, fala o que aconteceu?" Minha mãe se engasgou com choro e falou:

"Oh, mulher, a pobre da Dandara." Eu falei já aperreada:

"Fala logo, mãe, deixa de me enrolar, já estou ficando nervosa." Minha mãe respirou e disse:

"Mataram a Dandara, Vitória. Mataram a coitada e indefesa."

Minha voz emudeceu, achei que era uma brincadeira ou que havia entendido errado e falei para minha mãe:

"O quê? Que conversa é essa, mãe?"

Fiquei sem acreditar no que minha mãe havia me falado. Eu jamais esperaria que essa fosse a notícia que minha mãe teria a me comunicar. Eu imaginava que Dandara tivesse levado uma queda, ou que tivesse sido hospitalizada devido a doença, ou que alguém novamente tivesse a espancado por aí, mas assassinada? Oh, meu Deus!

Perguntei, já chorando, como foi que isso aconteceu.

Minha mãe falou que ela havia sido morta no Bairro Bom Jardim, no Conjunto Palmares, e uma pessoa veio avisar na casa da mãe dela.

"A rua está lotada de gente, ninguém tá acreditando no que aconteceu, um dos irmãos dela foi lá ao local da morte."

Eu estava ainda dentro do carro, antes de desligar falei chorando para minha mãe:

"Mãe, ela estava lá em casa hoje de manhã, e se despediu dos cachorros dizendo 'eu te amo' para eles, ela voltaria agora. Meu Deus! Não estou acreditando. Quem mataria uma pessoa indefesa como ela? Ela não fazia mal a ninguém, tadinha."

Minha mãe desligou o telefone e eu continuei dentro do carro. Naquele instante, desliguei o botão das emoções e rapidamente liguei para central de comunicações da polícia. Me identifiquei e falei com a operadora.

"Alô, sou inspetora Vitória do 12º distrito, gostaria de saber informações sobre um homicídio agora à tarde no Conjunto Palmares, Granja Lisboa."

A operadora me repassou o nome da vítima e alguns detalhes.

"A vítima é uma travesti com nome masculino, populares ligaram cinco vezes denunciando a agressão, quer ouvir o histórico das ligações, Vitória?"

"Sim, quero."

"Cerca de três horas da tarde, uma mulher liga informando que uma mulher loira estava sendo espancada. Na segunda ligação, minutos depois, a mesma mulher liga e fala que a mulher está muito machucada. Na terceira ligação, um homem fala que é uma travesti e que os bandidos vão tocar fogo nela viva. A quarta ligação, a mesma pessoa informa que estão levando a travesti em um carrinho de mão e irão matá-la. E na última ligação, outro homem fala que mataram a travesti a tiros e que quem teria matado seriam dois homens conhecidos pela alcunha de 'Bin' e 'Chupa Cabra'."

Desliguei o telefone e anotei tudo que foi me repassado. Respirei, parei de chorar e comecei a pensar o que faria.

Minha primeira decisão foi não ir ao local do crime, foi não ver Dandara morta naquele bairro onde já trabalhei e naquelas condições. Minha intenção em não ir ao local seria para que conhecidos dos assassinos não me vissem lá e soubessem que eu conhecia a vítima. Aquilo me fragilizaria e me sensibilizaria, tiraria minha imparcialidade enquanto profissional, mas investigar um homicídio de alguém tão próximo seria extremamente difícil para mim. Contudo, eu não daria o gosto aos seus algozes de me verem chorando junto ao corpo. Engoli as lágrimas e resolvi ir para casa.

Liguei o carro e fui para minha casa. Ao chegar, não sabia como dar a notícia aos meus filhos. Eles cresceram vendo Dandara na minha vida. Ela achava a Nicoli linda, elas conversavam horas, brincavam e até vídeos faziam juntas. Entrei em casa em casa cabisbaixa e arrasada. Os meninos me viram entrar e logo disseram:

"Que cara é essa, mãe?"

Informei aos meus filhos o que havia ocorrido. Os dois ficaram perplexos. Os meninos ficaram muito tristes. Eu me tranquei no meu quarto e comecei a falar com outros amigos policiais, eu havia trabalhado muito tempo no bairro onde Dandara foi morta, as pessoas me conheciam e os policiais eram meus amigos. Rapidamente, eles se prontificaram a ajudar quando souberam quem era a vítima.

Com a primeira informação repassada pela CIOPS, iniciei o quebra-cabeça. Quando temos a alcunha de um suspeito de um crime, o primeiro passo a ser dado é conseguir identificar o indivíduo, com seu nome completo e foto.

Um dos bandidos acusados da execução de Dandara era conhecido da delegacia do 32º distrito e tinha alcunha de "Chupa Cabra". Rapidamente em meus arquivos, consegui a qualificação (identificação e endereço) dele e foto atualizada. Os policiais que fizeram levantamentos no local do crime me mandaram a foto de Dandara envolvida em uma manta para cobrir cadáveres em locais de crime. Não dava para ver seu rosto, mas pelo corpo magrinho logo a reconheci. Era mesmo minha amiga que havia sido assassinada covardemente.

Continuei em meu quarto, pensava em tudo que poderia fazer para não deixar esse crime na impunidade. Acho que comecei a me envolver com o homicídio desde o telefonema para a CIOPS, por isso não deu muito tempo para pensar em detalhes sobre como foi a morte, eu só pensava em prender os dois suspeitos.

Já tinha os dados do Chupa Cabra, faltava a qualificação de Bin e sua foto atualizada. Eu pensava, olhava em meus arquivos da época do 32º Distrito e falava com outros policiais que pudessem conhecer Bin.

A Decisão

Por volta de meia-noite, já cansada de tanto pensar, parei um instante, fui até o quarto de minha filha e me deitei junto a ela, que falou:

"Mãe, mataram a Dandara*! Como alguém fez isso, mãe?"

Vi minha filha deitada na cama chorando, naquele momento eu já havia decidido que não iria à casa de Dandara falar com ninguém da família, não queria falar de polícia e criar expectativas a nenhum familiar dela.

Mas a voz de Nicoli a chamando pelo nome de registro, igual como chamava quando criança, foi o suficiente para meu botão das emoções ser disparado, eu me abracei a ela e definitivamente caí no choro. Naquele momento, passou um filme na minha cabeça, lembrei-me do parquinho do UV9, das brincadeiras de crianças, dos banhos de chuva, dela na minha sala em frente à TV, dos ensaios das quadrilhas, da nossa calçada, dela correndo na rua, da turma do EME SOM, dela no meu portão querendo entrar para lanchar, de nossas conversas e confidências.

Meu Deus, quanta dor senti ali naquele dia, era como se eu soubesse que ela se lembrou de mim na hora. Certamente, deve ter pensado: "Se a Vi tivesse aqui, iria me ajudar". Eu não pude fazer nada! Eu me senti

---

Nicoli não falou Dandara, e sim seu nome de registro, mas de forma incorreta. Quando bebê, ela não sabia a pronúncia correta e se acostumou a chamá-la de uma forma única.

impotente. Eu era a amiga policial que ela tanto tinha orgulho e não estava lá para defendê-la. Meu peito doía como se toda dor que ela sentira tivesse passado para mim. Eu tive tanta dó de minha amiga que em meu peito não cabia mais tanta dor. Levantei da cama e decidi que iria à casa da família e encará-los.

Ali, eu pensei e resolvi que só descansaria enquanto prendesse os monstros que fizeram aquilo com minha amiga.

Troquei de roupa e saí para a casa da família de Dandara. Chegando lá, a rua estava lotada, era uma da manhã e quando vi Silmara e Ronaldo juntos novamente não resisti. Eu não era a policial competente sem muitas emoções, naquele momento eu era a Vicky Vivace, que ela queria tanto bem. Tudo parecia ainda um pesadelo sem fim, ver a rua lotada e todos chorando pela morte de nossa amiga de infância.

Olhei pra Silmara e prometi:

"Eu só vou descansar quando pegar um por um, Silmara!"

Fiquei pouco tempo no local, mas o suficiente para aquela cena me motivar ainda mais a fazer justiça por aquele crime bárbaro.

Silmara me relatou como foi a ida de Dandara até o local de sua morte. Segundo ela, por volta de três horas, um rapaz conhecido pelo nome de "Eritan" encontrava-se na esquina de nossa rua em uma moto. Eritan já esperava Dandara descer a rua como se soubesse a rotina dela todas as tardes. Dandara descia toda tarde para comprar o pão, e Eritan ficou na esquina a esperando.

Dandara desceu a rua em companhia de uma moça diarista de sua vizinha e falou com Eritan. Ela foi comprar o pão e retornou para sua casa. Entregou o pão para sua mãe e voltou para esquina.

Dandara subiu na moto de Eritan na frente de várias pessoas e saiu dando tchau para algumas que estavam na esquina da Rua 918, entre elas, Silmara.

Dandara falou:

"Tchau, vou ali fazer um 'PG' com meu bofe."

PG era a forma como as travestis chamavam o programa. Porém, era mais uma brincadeira de Dandara, ela já não mais se prostituía.

Juntei todas as informações e arquivei na minha mente.

No outro dia, saí bem cedo para a delegacia e lá chegando postei informações sobre o homicídio em nosso grupo de WhatsApp e repassei todas as informações. Eu disse que Dandara era minha amiga e rapidamente meus colegas resolveram me ajudar.

Naquela manhã, caímos em campo para localizar os autores.

Fomos à captura de "Chupa Cabra" no endereço de seu cadastro no sistema de informações e, em dois carros, entramos na comunidade denominada Conjunto Palmares. O conjunto ficava a cerca de dois quilômetros da nossa rua.

Nossa ideia inicialmente seria capturar "Chupa Cabra", identificar o "Bin" e tentar fazer o flagrante ainda nas 24 horas.

Deslocamos em duas equipes do 12º distrito para a comunidade do Conjunto Palmares, estávamos em dois carros descaracterizados. Primeiro fomos à casa da mãe de "Chupa Cabra", nos identificamos, e ela informou que seu filho não estava em casa. Seguimos nas ruas da comunidade na tentativa de encontrá-lo.

Ao virarmos uma esquina, rapidamente avistamos um rapaz alto, magro, com uma blusa na mão. Ele olhou em nossa direção, percebeu que eram carros de polícia e correu. Chupa Cabra entrou nas vielas da comunidade que dá acesso a um matagal. Não conseguimos alcançá-lo, depois de muita correria, voltamos para a delegacia.

No dia 17 de fevereiro, recebi uma ligação de uma pessoa da comunidade que me conhecia na época que fui inspetora chefe do Bairro Bom Jardim. Essa pessoa informou que quem planejou toda a morte de Dandara fora um adolescente, que hoje já é maior de idade, de alcunha "Chinesinho". Também me disse que este, após os dois tiros efetuados em Dandara, cruelmente havia jogado um paralelepípedo que esmagou a cabeça de Dandara.

Naquela manhã, comuniquei ao delegado responsável pela instauração do inquérito policial, uma vez que se tratava de um crime que havia acontecido no bairro Bom Jardim e o bairro seria área coberta pelo 32º distrito, e não pelo 12º distrito onde eu trabalhava.

O delegado foi solícito e logo se prontificou a juntarmos as equipes dos dois distritos na tentativa de capturar os autores.

Fizemos outra diligência para capturar e identificar "Chinesinho" e assim como "Chupa Cabra".

Localizamos a casa da mãe de Chinês e, quando íamos entrando na rua, Chinês desconfiou do carro e também empreendeu fuga. Eles sempre fugiam da polícia por um matagal fechado de difícil acesso.

O vídeo

Ainda no mesmo dia, por volta de quatorze horas, eu estava sentada na minha sala em companhia de meus colegas policias. Nós estávamos pensando como iríamos fazer para identificarmos os autores, localizarmos testemunhas para reconhecimento posterior dos acusados e assim concluir essa investigação.

No local, ficou muito difícil encontrar testemunhas. As pessoas sabiam o que aconteceu e não queriam falar sobre o assunto, até então era apenas o silêncio e o medo de todos.

Ainda na minha sala, recebi uma notificação de uma mensagem via aplicativo WhatsApp. A mensagem era em formato de vídeo, logo abri e ao mesmo tempo joguei o celular no chão, gritei assustada com o que vi.

Adams, um policial antigo e experiente, pegou meu celular no chão abriu arquivo e assistiu ao vídeo, sem som.

Eram dois vídeos de toda atrocidade e violência cometida contra minha amiga Dandara. Não consegui ver, nem ouvir. Fiquei desesperada. Adams olhou para mim e disse:

"Você precisa assistir, só você vai poder ajudar a identificar os autores."

Ele pegou o celular, colocou na minha mão e disse com firmeza:

"Assista agora!"

Peguei o celular e comecei a ver os vídeos. Olhei revoltada e ainda chorava muito. Na segunda vez em que olhei, me mantive calma e mudei as emoções. Não era mais a Vitória, amiga de infância que estava vendo aquele vídeo, ali estava a inspetora Vitória, que assistiu ao vídeo aproximadamente quatorze vezes só naquela tarde.

Os vídeos foram mandados por um colega também policial. Ele tinha um colaborador na rua em que aconteceu o homicídio, colaboradores são pessoas da comunidade que repassam informações para polícia. Liguei para Rubens e lhe pedi que não repassasse o vídeo para ninguém, pois poderia atrapalhar as investigações.

Nunca havia visto tamanha barbaridade com alguém que sequer podia andar normalmente. Até então tínhamos apenas três nomes entre os suspeitos, não sabíamos que houvera agressões anteriores, não sabíamos desse vídeo, nem que tinha tanta gente envolvida.

Participaram do vídeo seis pessoas, entre adolescentes e maiores, e ainda mais duas pessoas que gravaram o vídeo e participavam com xingamentos.

Somando seis do vídeo, dois que efetuaram os tiros, dois que filmaram e o motoqueiro. Já somavam onze envolvidos.

Os seis agrediram Dandara com chutes, paus, pedaços de madeira, chineladas na cara e muitos xingamentos. Nos vídeos, percebi o ódio contido nas suas falas, ódio por alguém que optou por usar calcinha, ódio por um ser humano que tinha sua sexualidade estampada no rosto e no corpo.

Entre as agressões, foi possível visualizar mais de quinze pancadas, dentre elas, três pontapés no rosto, três golpes de madeira no ombro, uma na barriga e uma paulada na cabeça. Eu decorei cada fala, cada ação, cada gemido.

Na sexta-feira à noite, já em minha casa, passei a noite inteira dando prints nas imagens individuais de cada infrator, fiz uma pasta de armazenamento com nome Dandara e fui arquivando minhas informações.

Mandei um dos vídeos para um grande amigo e parceiro também policial, e este logo também se prontificou a ajudar, passamos a noite em contato, identificando um a um. Olhamos perfis de Facebook e assim encontramos os seis participantes do vídeo.

F. Chinesinho era quem puxava o bonde das agressões. Ele pegava o chinelo e mandava Dandara subir no carrinho de mão. No final do vídeo, ele fala claramente:

"Vamos executar, pessoal!"

Os outros eram Rafael, Jean, Júlio, Alisson e Jader. Eles seguiam as agressões, e mais dois que não aparecem no vídeo, porém um deles foi reconhecido pela voz: Isaías Camurça, mais conhecido como Zazá e outro foram os que fizeram a gravação e falavam sem parar palavras de desprezo pela condição de Dandara.

Ainda na sexta-feira, repassei o vídeo para o delegado Bruno Ronchi do 32º Distrito. Ele era um recém-delegado vivo e sagaz e rapidamente começou a elaborar a peça de representação dos mandados de prisão. Faltava eu lhe fornecer a identificação de cada um.

No sábado, durante todo o dia, entrei em contato com um colega de delegacia, escrivão de nome Feijó, especialista em perfis de redes sociais e identificação de indivíduos. Feijó, de forma surpreendente, foi identificando um a um. Eu confesso que comecei a ficar um pouco eufórica, a investigação estava fluindo com perfeição, na polícia temos algumas superstições, e eu estava num bom dia. O sangue de polícia estava latente em minhas veias, nada me paralisaria, absolutamente nada.

Sábado, às quatorze horas, conseguimos identificar quase todos os acusados de participarem das agressões.

Uma pessoa da comunidade me ligou e, posteriormente, se encontrou comigo. Ela me repassava toda movimentação e comentários na comunidade, sabia de todos os passos de cada um. O grupo fazia parte de uma organização criminosa, e o que filmou era o traficante e chefe de todos eles.

Essa pessoa sempre se manteve no anonimato, assim como muitas que me ajudaram, mas essa em especial, tinha um grande desejo de ver todos os criminosos pagarem pelo seu crime.

Muitos populares viram tudo desde o início. Alguns ainda falavam para Dandara ir embora, contudo, ela não tinha força. Penso que, mesmo diante daquela violência e de outras que já havia sofrido, Dandara continuava acreditando que nenhum mal lhe aconteceria.

Ela pediu água, pediu que chamassem seu pai, sem mesmo ele morar junto com a família. Ela não era aquele menino robusto e bom de briga da rua. Era uma mulher, doente, vulnerável e sem força para se defender.

Na segunda-feira, vinte de fevereiro, faltava identificar um dos acusados que não estava no vídeo, era o mesmo da denúncia anônima. "Bin" era também adolescente na época e não sabíamos ainda, mas ele era fugitivo de um centro educacional para menores infratores em Fortaleza. Chegando ao endereço, conversamos com sua avó, uma senhora humilde que não sabia muito da vida do neto. Ela nos informou que ele dormia pouco na casa dela, andava mais pela rua, mas, mesmo assim, nos forneceu seus dados.

Ainda no mesmo dia, conseguimos o endereço do motoqueiro, Francisco Wellington Teles, o "Eritan". Fomos até a casa dele e lá chegando, sua irmã nos autorizou a entrar na casa. Era uma casa humilde e muito suja, consegui o telefone da empresa de segurança na qual ele trabalhava e falei por telefone com seu patrão, que me relatou:

"Ele veio aqui ontem (domingo), pediu para pagá-lo e falou que ele havia feito uma 'merda' e sumiria."

Pegamos sua identificação e saímos do local.

Com Eritan, somavam-se onze pessoas acusadas do envolvimento no crime. Entre elas, quatro adolescentes e sete maiores.

Já tínhamos quase tudo que precisávamos, faltava agora saírem todos os mandados de prisão e os de busca e apreensão para os menores.

As duas delegadas e uma inspetora da Delegacia da Criança e do Adolescente, de modo incessante, percorreram as varas de infância, esperando que os mandados fossem deferidos. Entre as delegadas, havia uma que era minha amiga de turma, entramos juntas na polícia como inspetoras. Ana Paula era delegada plantonista, mas com imenso coração e movida pelo sentimento de justiça, resolveu ajudar também. Minha primeira lotação na Polícia havia sido na DCA (Delegacia da Criança e do Adolescente), e a Inspetora Fernanda foi minha parceira nesta delegacia. Ela era uma loira alta, como policial era uma mulher de fibra e excelente investigadora, ou seja, estávamos em casa.

O delegado que era responsável pelo 12º Distrito chamava-se Marciliano. Era meu chefe imediato, uma pessoa sensível e amiga de todos policiais. Estávamos todos juntos nessa missão. Todos estavam se doando. O vídeo trouxe muita comoção entre os policiais que o assistiram e, apesar de termos pouca sensibilidade em certos momentos, Dandara conseguiu tocar no coração de todos.

Marciliano me alertou que a comunidade LGBT é muito unida e que se eles soubessem da existência do vídeo, com certeza, haveria grande repercussão. Eu sinceramente não acreditei, não pelo fato de ser a comunidade LGBTI, mas pelo fato de que o Ceará estava com índices altíssimos de homicídios, e o de Dandara seria apenas mais uma pessoa pobre que havia morrido.

A viralização

No sábado, dia 04 de março de 2017, por volta de onze horas da manhã, peguei meu celular e logo vejo nas redes sociais um dos vídeos da agressão de Dandara. Levei um susto e logo liguei para uma das delegadas que estavam naquele momento seguindo para o Fórum, na tentativa de falar com o juiz de plantão.

Rapidamente, o vídeo tomou uma proporção absurda, eu olhava a cada dez minutos e eram milhares de visualizações. Em menos de vinte horas de postado, o vídeo atingiu quatrocentas mil visualizações e estava definitivamente viralizado.

As pessoas compartilhavam em seus perfis de redes sociais e uma chuva de comentários, que mostravam indignação e revolta, alastrava-se.

Naquele momento, coloquei no Google o nome Dandara para ver mais uma vez como estava a repercussão do vídeo. Quando rapidamente olhei uma pesquisa sobre o significado do nome Dandara, relembrei uma aula de história sobre a escravidão.

Dandara foi uma guerreira do período colonial no Brasil, esposa de Zumbi dos Palmares.

Dandara havia lutado em muitas das batalhas de ataques ao Quilombo de Palmares e preferiu se jogar às pedras em vez de voltar para as mãos dos senhores de escravos.

Dandara tem sentido de "Princesa guerreira".

Lí tudo e fiquei arrepiada com algumas coincidências:

Dandara foi morta e teve uma pedra lançada em sua cabeça, e Dandara do Zumbi se jogou nas pedras para morrer.

Dandara foi morta no Bairro Bom Jardim, porém em um conjunto habitacional chamado "Conjunto Palmares".

O que havia de coincidência entre as duas mortes? Sinceramente, não sei. Mas algo certamente mudaria após essa morte tão cruel dessa princesa guerreira também.

Nas redes sociais, vi um comentário do humorista Paulo Diógenes, que hoje trabalha com um órgão da prefeitura de Direitos Humanos. Mandei uma mensagem para ele, que rapidamente me ligou. Paulo ficou consternado com o breve relato que fiz sobre Dandara, rapidamente entrou em contato com a família dela e enviou um advogado ligado aos Direitos Humanos para acompanhar o caso.

No mesmo dia, nas redes sociais, apareceu o nome de Dandara como sendo "Dandara dos Santos". Não sei de onde veio esse nome, ela nunca utilizou esse sobrenome, ela sempre foi Dandara Ketlely de Velaskes.

Durante todo o final de semana, as pessoas se revoltavam cada vez mais. Elas criticavam a ação da polícia, do estado, elas queriam punir alguém. Ninguém sabia que, por trás, estávamos tendo problemas com a demora dos mandados e que não podíamos agir por conta própria. Como agentes da lei, tínhamos que estar respaldados.

No mesmo sábado, os mandados de busca dos adolescentes saíram e, na segunda-feira, faltava apenas confeccionar os mandados dos maiores.

Estava quase tudo pronto para realizarmos as prisões, porém, na

segunda, dia 06 de março, pela manhã, recebemos informações de que eles estavam indo embora da favela, fugindo.

Em todas as profissões, sobretudo na polícia, existe um grande inimigo chamado "vaidade". Muitos crimes quando ganham repercussão, se faz necessário que um herói apareça para salvar tudo, e aí por irresponsabilidade ou vontade de aparecer, sai atropelando todos. Essas pessoas não pensam que existe uma investigação em andamento, que existem equipes sem dormir, trabalhando intensamente, não pensam na família das vítimas, na legalidade que será utilizada. Essas pessoas só pensam exclusivamente em serem o "pai da criança", em aparecer através de uma grande prisão. Para mim, esse é o maior mal da polícia, e eu, definitivamente, me enojava disto tudo.

Desesperei-me, chorei, fiquei descontrolada, vi nosso trabalho indo embora, vi todo nosso esforço sendo comprometido.

Alguns amigos me acalmaram. Foi quando Marciliano e Pedro Viana, que era o diretor do setor de operações, em contato com o secretário de Segurança, marcaram a nossa operação para a madrugada de terça-feira, dia 07 de março de 2017.

A operação

Era uma madrugada quando reunimos as equipes para realizarmos as prisões; seria uma operação normal como muitas que já participei. Geralmente não fico nervosa, depois de doze anos fazendo a mesma coisa, a gente fica com certa segurança e tranquilidade. Mas, naquele dia, estava extremamente tensa, tentei disfarçar, falei pouco e no "briefing" (reunião que antecede a operação na qual são passadas instruções) nos alinhamos e seguimos para o local.

Havia muitos policiais de todas as instituições, helicóptero, bombeiros, motopatrulhamento, polícia ostensiva resguardando o perímetro, era o nosso dia, era o dia de nós mostrarmos nossa força em proteção da sociedade.

Lembro-me muito desse dia, as pessoas vinham, falavam comigo, apertavam minha mão. Meus amigos mais próximos sabiam que eu estava nervosa, mas não tocavam no assunto, eles me conheciam, na hora da ação, a gente esquece tudo e como falamos em um de nossos bordões favoritos "vamos pra cima", e nós estávamos indo pra cima com tudo.

Na operação, conseguimos capturar alguns elementos, entre eles o chefe do tráfico. Foram presos Zázá, Júlio Cesár, Bin. E Jader e Alisson, adolescentes na época, já estavam na Delegacia da Criança e do Adolescente. Alguns dos acusados realmente haviam fugido para o interior do Ceará.

No meio de toda correria, entre buscas autorizadas nas residências dos suspeitos, o "espírito Dandara" tomou conta de todos.

Foi um dia fantástico!

Vi populares ligando para a delegacia, denunciando onde os fugitivos estavam, pessoas sinalizando com as mãos aplaudindo quando as equipes passavam, algumas entrando escondidas nos carros para repassar informações. Vi minha polícia unida, sem denominações, sem cargos, sem patentes, sem divisões. Todos juntos com um único desejo: que a justiça fosse feita!

Seguimos para a delegacia com os suspeitos e formalizamos as prisões. Tive contato com todos os acusados que haviam sido presos, não tive sentimento algum de ódio, o que senti de fato foi minha alma lavada.

Posteriormente, um a um foi sendo capturado em todo o estado*. F. Chinesinho fora apreendido depois de se esconder dois dias dentro de uma mata no litoral do estado.

Chupa Cabra foi capturado na cidade de Pedra Branca. Rafael foi também localizado em Maracanaú, Região Metropolitana de Fortaleza. Jean foi preso na casa da sogra no Bairro Bom Jardim.

Alguns detalhes foram ditos pelos acusados em seus depoimentos, fato que fez surgir um novo nome: Gigia foi a pessoa que viu Dandara cair da moto de Eritan e passou a gritar que ela era "ladrão". Ele fazia o papel de guardião da favela e tinha o hábito de suspeitar de toda pessoa estranha que andava por lá. Ele ganhava pontos cada vez que trouxesse alguém estranho com atitudes suspeitas dentro da área comandada pela facção criminosa à qual pertencia. Gigia foi preso na cidade de Quixadá, interior do Ceará, meses depois.

Finalizando as participações, foram doze pessoas indiciadas pelo homicídio de Dandara.

*http://g1.globo.com/ce/ceara/noticia/cinco-dos-acusadospela-morte-da-travesti-dandara-sao-condenados.html
Acesso em: 23/07/19 às 16:00

Contudo, em discordância com as palavras de Gigia, Dandara jamais roubaria algo de alguém, ela era medrosa, não tinha essa índole, não participava de nenhuma organização criminosa como foi dito por muitas pessoas más nas redes sociais. Ela não faria mal a uma mosca. Também não se deslocaria para aquele lugar sem alguém que a levasse, a vida dela era entre o Conjunto Ceará e as duas primeiras ruas da Jurema.

A pessoa que filmou junto com Zazá foi identificada e possui mandado em aberto, esta nunca foi localizada.

Eritan*, o motoqueiro, foi capturado no dia 15 de março de 2019, pouco tempo depois do crime completar dois anos. Apesar de ele ser a única pessoa que poderia explicar definitivamente por que levou Dandara até os lobos para ser devorada, até a data de publicação desta história, nada ainda tinha sido dito.

Minha dívida com Silmara estava paga, nunca me arrependerei de ter ido à casa da família de Dandara naquela madrugada e firmado o compromisso de investigar sua morte.

Também nunca entenderei qual minha missão aqui na Terra em relação a Dandara, não sei por que o universo, destino ou algo superior reservou que nossas vidas se cruzassem.

No dia nove de março, ainda sob entusiasmo das prisões, terminei meu expediente e fui para casa. Cinco minutos após deitar em minha cama, ainda sem tirar a roupa, recebi uma ligação da delegacia. Quando atendi, meu colega falou:

"Vitória, tem um repórter aqui querendo falar com você."

Respondi que não dava entrevistas, que ele dispensasse o rapaz, quando meu amigo falou baixinho:

"É o Caco Barcelos, do Programa Profissão Repórter, Vitória."

Levantei-me e resolvi atendê-lo na delegacia. Quando desliguei o telefone, pensei algo que Dandara falava sempre com sorriso no rosto entre suas piadas e brincadeiras, fosse imitando a Gretchen, Xuxa, dançando como a Carla Perez ou tal qual a Madonna, querendo ser a Marilyn Monroe, fazendo seus shows no bar da Marly em São Paulo ou apresentando suas peças de humor que mais pareciam um *stand up* feito por uma travesti:

"Meu bem, ainda vou ser famosa! Eu sou uma estrela!"

A reportagem sobre o caso Dandara percorreu o mundo e teve repercussão e comoção internacional.

Ela estava certa! Dandara tornou-se uma estrela da luta contra a LGBTfobia e sua estrela ainda brilha todas as noites.

---

*https://www.sspds.ce.gov.br/2019/03/18/foragido-do-caso-dandara-e-preso-pela-policia-civil/
Acesso em: 23/07/19 às 16:00

[...]
Quando querem transformar
Dignidade em doença?
Quando querem transformar
Inteligência em traição?
Quando querem transformar
Estupidez em recompensa?
Quando querem transformar
Esperança em maldição?

É o bem contra o mal
E você de que lado está?
Estou do lado do bem
E você de que lado está?
Estou do lado do bem
Com a luz e com os anjos
[...]

Trecho da música Duas Tribos da Legião Urbana

Dandara era amor, era puro amor

A minha vida antes de conhecer Dandara era como se ainda faltasse um pedaço do quebra-cabeça do tempo-espaço que compreendo como realidade.

Ela foi uma peça decisiva para toda a trajetória que viria a seguir, pois com ela, descobrimos o lado bom da vida, aprendemos e reaprendemos juntos a nos reinventar como pessoa. A cada dia vivendo novas experiências, descobertas e aventuras.

Enquanto acontecimentos históricos aconteciam em nosso país e no mundo, nós descobríamos que aqui também fazíamos história, a nossa história.

Ela foi a alegria personificada que trouxe memórias incríveis e atemporais, que ultrapassam até hoje minhas mais belas recordações.

Em cada risada, brincadeira, passeio, viagem, dificuldades e vitórias, me lembro da minha amiga querida. Lembro a luta pela nossa aceitação em nossas famílias e todo o drama que vivemos e dividimos sempre juntos. Nada foi fácil, mas sempre sonhávamos juntos com dias melhores, em que poderíamos ser nós mesmos sem nada a temer, nem fome, nem dor, nem frio, nem solidão, nem abandono. Tudo era motivo de riso quando estávamos juntos e nada poderia quebrar essa força que emanava de nosso amor, que se concretizava numa amizade sincera e sem barganhas.

E hoje, imagino que tudo poderia ser melhor se ela, Dandara Ketlely tivesse uma única oportunidade de poder ser ela mesma, sem preconceito, sem rótulos, sem privações, sem a marginalidade com que muitos da comunidade trans LGBTQ ainda sofrem.

Não imaginava um destino assim para minha amiga. Ela sempre me disse que seria uma estrela, e eu tinha certeza disso também. Contudo, não esperava que fosse a este preço, com sua vida e seu sorriso ceifados, junto com seus sonhos de Europa. Me dói saber que ela não está fisicamente mais aqui, mas me conforta lembrar a pessoa tão especial que me ajudou em tantos momentos difíceis, quando se precisa de um amigo, de um simples abraço e de um sorriso.

Dandara era amor, era puro amor. Amor com a vida, com a família, com a natureza, com as crianças e seus semelhantes. Ninguém poderá conhecer a essência de Dandara, assim como eu pude sentir e vivenciar, mas podem ter a ideia de o quão ela era especial.

Sua classe social, sua cor, sua religião, sua escolaridade não poderão defini-la. Pois, Dandara para mim é atemporal, uma mulher além de seu tempo, que lutou pelo que era bom e belo na vida. Se existe herói ou heroína, escolha você, a minha será sempre a Dandara Ketlely, pobre, periférica, travesti, marginalizada, ultrajada, estuprada, violentada e brutalmente assassinada. Essa é minha heroína, minha diva, minha estrela e nada e nem ninguém conseguirá tirar tudo isso que ela significa para mim, amor incondicional, que tira da sua boca para alimentar a quem precisa, mesmo ela estando com fome.

Essa é a Dandara que conheço, humana, amiga, irmã, solidária, com um coração do tamanho do oceano, ela é minha eterna amiga e irmã. Ela era a minha família, e hoje eu a levo no meu coração. Se hoje me levanto todas as manhãs para lutar esta vida que por muitas vezes é madrasta, é porque ela sempre foi a motivação para eu buscar dias melhores para todos nós. E cabe a mim não ser espetáculo do opróbrio daqueles que querem me derrubar e diminuir. Sou gay com orgulho e minha luta ainda está viva, é fazer valer a pena cada segundo nesta vida e saber que as muitas outras Dandaras que estão por aí ainda precisam de amor, de colo, de um sorriso sincero, de dignidade e respeito.

Dandara pra mim significa LUZ, VIDA, AMOR e JUSTIÇA sem restrições, gêneros, rótulos ou arrependimentos. Dandara é símbolo de LUTA e RESISTÊNCIA, de DIREITOS CIVIS, LIBERDADE, APOIO E ACOLHIMENTO. Há muitas outras coisas que eu poderia falar sobre o nome DANDARA, mas agora ela é uma linda estrela que brilha no alto céu, além do infinito, e pulsa forte no meu coração.

Cândido Rolim Rodrigues Filho - 42 anos - Administrador de empresas.

ANEXO I

A carne mais barata do mercado ainda é trans e travesti

O brutal e desumano assassinato da travesti Dandara dos Santos, ocorrido em fevereiro de 2017, nos mostra um modelo de sociedade adoecida e envolta em um universo demarcado pelo machismo, racismo e lgbtfobia. Nesse contexto de opressões, quase tudo é negado às travestis e principalmente se forem negras, profissionais do sexo e da periferia. Ser travesti no Brasil é uma luta cotidiana cheia de obstáculos para quem ousa sair do armário, dos modelos e padrões normativos de gênero. Em contexto geral, ao saírem do casulo da transição de gênero, travestis se deparam com a marginalidade e com a prostituição; essas são as primeiras e talvez únicas oportunidades recebidas por essa população. Poucas conseguem sobreviver e transpor esses estigmas para alçar outros voos possíveis.

O Brasil é o país que mais mata travestis e transexuais no mundo. Entre janeiro de 2008 e julho de 2016, foram registradas 868 mortes no país, segundo pesquisa da organização não governamental (ong) Transgender Europe (tgeu), rede europeia de organizações que apoiam os direitos da população transgênero.

Em nosso país, o espaço destinado a homens transexuais, a mulheres transexuais e a travestis é o da extrema exclusão, sem acesso à educação, saúde, segurança, emprego e renda, que são direitos civis básicos. Essa população ainda têm de lutar muito para ter o reconhecimento de suas identidades de gênero e o seu direito à vida garantido, ameaçado cotidianamente em uma dura realidade de violências físicas, psicológicas e simbólicas. Dados das Rede Trans Brasil apontam que o tempo médio de vida de uma pessoa trans no Brasil é de apenas 35 anos, enquanto a expectativa de vida da população em geral é de mais de 75 anos, segundo ultimo senso do Instituto Brasileiro de Geografia e Estatística (IBGE).

O assassinato de Dandara não foi um caso isolado, mas teve grande reconhecimento pelas características de crime de ódio e de transfobia com grande repercussão na mídia. O tribunal do júri do Ceará condenou à prisão os seis acusados pelo crime de homicídio triplamente qualificado (motivo torpe, meio cruel e uso de recurso que impossibilitou a defesa da vítima). A transfobia, que é a discriminação contra travestis e transexuais, também foi considerada como um agravante pelo júri. Esse resultado nos mostra que os crimes contra LGBTI+ não devem ser naturalizados.

Entretanto, em janeiro de 2019, uma travesti em Campinas-SP foi assassinada e teve seu coração arrancado e, sobre o peito aberto, o assassino colocou a imagem de uma santa. A justificativa para isso? "Ele é um demônio". O assassino passou a noite com ela, roubou, matou, arrancou o coração, enrolou em um tecido e guardou debaixo do guarda-roupas de sua casa. Novamente, temos na mídia a repercussão de mais um crime contra uma travesti com uma brutalidade física e simbólica.

Os crimes motivados por lgbtfobia, para além da agressão direcionada à vítima, também enviam uma mensagem de ódio simbólica e violenta contra a população LGBTI+ e quando não são devidamente punidos, acabam por legitimar a violência contra essa mesma população. Estes crimes precisam de leis específicas, que possam refletir sua gravidade e mostrar que esse tipo de ódio não deve ser tolerado.

Recentemente, em junho de 2019, o Supremo Tribunal Federal (STF) determinou, que a discriminação por orientação sexual e identidade de gênero passe a ser considerada um crime no Brasil, devendo ser punida pela Lei de Racismo (7716/89), que hoje prevê crimes de discriminação ou preconceito por raça, cor, etnia, religião e procedência nacional.

Apesar de um marco legal histórico, a criminalização ainda não é a solução para todas as discriminações lgbtfóbicas, a criminalização tem um caráter preventivo e um poder simbólico de combater a "invisibilidade" deste tipo de crime, já que a discriminação, a violência e os assassinatos dessa parcela da população são problemas sociais que devem ser encarados pelo Estado. É urgente uma política de promoção e defesa dos direitos humanos de lésbicas, gays, bissexuais, travestis e transexuais.

Dandaras, Hérikas, Keylas, Janaínas, Matheusas, Thadeus e Bernardos, companheiras e companheiros que foram retirados do nosso convívio pela violência lgbtfobica e de gênero, são trajetórias de vida que transmitem uma mensagem poderosa pela desconstrução de padrões, pelo rompimento de ideias opressoras e por transformações.

Celebremos a vida, a paz, a democracia, os direitos humanos, a livre orientação sexual e as identidades de gêneros, o amor, e, fundamentalmente, o respeito às diversidades sexuais, livres de qualquer opressão! Viva a liberdade!

Termo "guarda-chuva", segundo a GLAAD, organização LGBT americana que monitora como os membros da comunidade LGBTI+ são tratados pela mídia. Ele abrange todas as pessoas que não se identificam com o gênero que lhes foi designado ao nascer, pessoas transgênero (travestis, mulher transexual e homen trans)

Compreende-se orientação sexual como uma referência à capacidade de cada pessoa de ter uma profunda atração emocional, afetiva ou sexual por indivíduos de gênero diferente, do mesmo gênero ou de mais de um gênero, assim como ter relações íntimas e sexuais com essas pessoas. - Princípios de Yogyakarta (Princípios sobre a aplicação da legislação internacional de direitos humanos em relação à orientação sexual e identidade de gênero, adotados em reunião de especialistas realizada em Yogyakarta, Indonésia, entre 6 e 9 de novembro de 2006)

Compreende-se por identidade de gênero a profundamente sentida experiência interna e individual do gênero de cada pessoa, que pode ou não corresponder ao sexo atribuído no nascimento, incluindo o senso pessoal do corpo (que pode envolver, por livre escolha, modificação da aparência ou função corporal por meios médicos, cirúrgicos ou outros) e outras expressões de gênero, inclusive vestimenta, modo de falar e maneirismos. - Princípios de Yogyakarta (Princípios sobre a aplicação da legislação internacional de direitos humanos em relação à orientação sexual e identidade de gênero, adotados em reunião de especialistas realizada em Yogyakarta, Indonésia, entre 6 e 9 de novembro de 2006)

Labelle Rainbow

Travesti, negra, estudante de Comunicação Social/Publicidade e Propaganda, designer, ativista dos movimentos sociais.

Nos últimos anos, tem atuado com ênfase na luta pelos direitos humanos da população LGBT, na construção e controle social de políticas públicas no combate à LGBTfobia, racismo e machismo, em diversos processos de participação política, em seminários, conferências, debates e atos públicos. Coordena o For Rainbow Festival de Cinema e Cultura da Diversidade Sexual desde o ano de 2008, de forma ininterrupta.

Em 2016, foi estrela do documentário "Labelle", um filme de Isabel Nobre, produzido pelos alunos do curso de audiovisual da ONG Fábrica de Imagens.

Em 2017, tornou-se a primeira mulher travesti a receber uma homenagem por atuação e história de luta da Câmara Municipal de Fortaleza em sessão Solene de comemoração ao Dia Internacional da Mulher.

Atualmente, atua assessora técnica da Coordenadoria Especial da Diversidade Sexual da Secretaria de Direitos Humanos da Prefeitura de Fortaleza.

ANEXO II

Ser ou não ser: eis o respeito!

Muitas crianças passam a infância sofrendo com frases como "Você não deve brincar com os meninos, que você é menina", "Fala direito, fala como homem", "Rosa é pra menina e azul é pra homem", "Fecha as pernas, menina, que quem senta de perna aberta é homem", "E as namoradinhas no colégio, cadê?", entre outras, que destroem o universo puro das crianças e impõem valores de uma sociedade em que homens e mulheres estão em patamares bem diferentes e a única relação possível entre eles é a união homem e mulher.

Esses pensamentos são repassados de mães e pais para filhas e filhos há gerações. Com eles, são repassadas também as manifestações de preconceito, de discriminação, de ridicularização e até de ódio em relação a lésbicas, gays, bissexuais, travestis, pessoas transexuais, e mais recentemente, a outras expressões de gênero (*crossdresser*, *queer*, pessoa não-binária, etc).

O que fizemos de tão ruim há tantos séculos, que em quase todas as culturas do mundo somos perseguidas e perseguidos por sermos apenas quem somos? O que incomoda aos outros se somos mulheres que amamos outras mulheres? Se somos homens que amamos outros homens? Se amamos mulheres e homens da mesma forma? O que incomoda aos outros se não nos sentimos bem debaixo das nossas peles e readequamos nossos corpos ao gênero com o qual nos identificamos? Há algo de muito errado nesses incômodos todos. Você concorda comigo?

Acusam-nos de querermos mudar a ordem natural das coisas. Acusam-nos de querermos impor a nossa sexualidade aos outros. Mas, agora, pense bem: se uma mulher que gosta de homem acredita que uma mulher que gosta de outra mulher deve gostar de homem, quem quer impor a sexualidade dela para a outra? Acusam-nos de destruirmos as famílias. Então, por que somos nós que somos expulsos de casa, quando nos autoafirmamos perante nossas famílias? Acusam-nos de muitos males. Todavia, por que apanhamos tanto em casa, na escola, na rua e por que somos tão brutalmente assassinadas e assassinados no país em que nascemos?

Este texto não tem a menor pretensão de te convencer a "aceitar" a comunidade LGBTI+ (lésbicas, gays, bissexuais, travestis e transexuais, intersexos e mais todas as formas de ser que se reivindicam). Há anos paramos de dar murros em ponta de faca, querendo a aceitação da sociedade, das famílias, das igrejas, de nós mesmas e mesmos. Não é mais aceitação que queremos. Respeito. Nós exigimos respeito. Nós exigimos políticas públicas para diminuir nossos índices de assassinatos e de outras violações de direitos. Exigimos a simples compreensão de que nossas vidas importam! Exigimos que não nos proíbam de sermos livres, nas nossas essências, nas nossas existências, nas nossas resistências... É proibido proibir.

Se as pessoas cisgêneros e heterossexuais pudessem passar só um dia, um dia só que fosse possível, pelas humilhações, pelas discriminações, pelas negações as quais somos submetidas e submetidos, acreditamos que a palavra respeito seria muito mais valorizada e seu sentido seria mais concreto do que abstrato no nosso cotidiano.

São desumanizadas as formas como somos tratadas e tratados. Pessoas que nos tratam como se ignorássemos que temos sentimentos, que temos histórias de vida para além das nossas sexualidades, que também temos fé, crenças, que também somos seres humanos. Nós somos.

Você não precisa se identificar com uma das pessoas LGBTI+ para declarar que nos ama, que nos apoia, que nos respeita. Muitas pessoas LGBTI+ não recebem um beijo do irmão, um abraço do pai, por puro preconceito. Muitas amigas e muitos amigos deixam de sair com a gente para não serem apontadas ou apontados como uma ou um de nós. Que chato isso! Muito chato! Nós queremos estar cercadas e cercados de pessoas. Não afastá-las! Queremos multiplicar o amor, a alegria, a força que é ser LGBTI+ para compartilhar com o mundo inteiro. Queremos um mundo mais justo e fraterno para as próximas gerações. Isso não é filosofia de religião. É filosofia de vida. É pelo que lutamos. É a causa pela qual reivindicamos o nosso lugar, nosso lugar de ser.

Temos colhido muitos frutos da nossa luta. Conquistamos a criminalização da lgbtfobia equivalente ao crime de racismo, em todo o território nacional, em 13 de junho de 2019. No Ceará, no dia 04 de julho de 2019, conquistamos uma lei de reconhecimento e de uso do nome social para pessoas travestis e transexuais em todo o estado. São avanços da luta que nos empoderam para continuar lutando nessa perspectiva, que é a mais acertada, não há outra: o respeito.

Respeitamos que muita gente continue não entendendo por que somos, por que existimos, por que insistimos em resistirmos. E nós só queremos, tão somente, que elas nos respeitem. A quem tiver sensibilidade de nos olhar com mais tolerância, aproveite para entranhar nas nossas feridas e sará-las com mais ternura, com mais afeto e com mais amor.

"*Por que matei Dandara*
Se Dandara sou eu?"
(Música Eu Matei Dandara, de José Augusto Moita.)

Sílvia Cavalleire

Sílvia Cavalleire é mulher transexual, é feminista, comunista e militante do movimento LGBTI+. Em 2012, foi a primeira transexual a ser presidenta de centro acadêmico no Brasil, pelo Centro Acadêmico Patativa do Assaré, dos Cursos de Letras da UFC. Também em 2012, foi a primeira transexual a ser diretora de um DCE no Brasil, a gestão DCE de Verdade, da UFC, que em outubro de 2013, conquistou o uso do nome social para transgêneros na UFC. Em 2014, foi eleita a primeira transexual presidenta da União da Juventude Socialista de Fortaleza - UJS, dentre todas as cidades do Brasil onde a UJS se organiza, e conquistou o direito do nome social para transgêneros na carteirinha de estudante de Fortaleza. Já foi candidata a deputada estadual e federal pelo PCdoB, no qual é dirigente do Comitê do PCdoB Fortaleza. Em 2017, foi homenageada pela Comenda Socorro Abreu, em reconhecimento às lutas pelas mulheres. Atualmente, é a 2ª Vice-Presidenta e Diretora de Trabalho, Emprego e Geração de Renda da União Nacional LGBT - UNALGBT. Compõe o Conselho Municipal de Juventude de Fortaleza pelo MOVELOS - Movimento pela Livre Orientação Sexual, o Conselho Municipal de Promoção dos Direitos de LGBT de Fortaleza pela UFC e o Conselho Nacional dos Direitos da Mulher pela UNALGBT. Integrou a equipe da Coordenadoria Especial de Políticas Públicas para As Mulheres do Governo do Estado do Ceará. Atualmente, é professora particular polivalente em Fortaleza.

Agradecimentos

A ideia de escrever um livro sobre a vida de Dandara sempre esteve presente desde o dia em que recebi a triste notícia. Porém, essa ideia foi potencializada a partir de inúmeros comentários negativos oriundos de redes sociais sobre ela. Como amiga, tive a obrigação de mostrar ao mundo quem foi Dandara em vida e qual mensagem ela deixou para todos nós.

Agradeço a Deus por ter tido a oportunidade de cruzar minha vida com a vida dela, e a Ele também por me fazer vencer esse obstáculo de escrever.

Agradeço aos meus amigos Marciliano e Carlos Alexandre, que insistentemente me falavam todos os dias para que eu iniciasse a escrita sobre a história de Dandara e foi essa insistência que me fez começar.

Agradeço aos meus filhos Nicolas e Nicoli, meus amores e motivo de minha vida ser tão feliz.

Agradeço aos meus amigos inspetores e escrivães, aos quais sem eles não teria feito nada.

Agradeço a confiança de meus amigos Neto e Rubens, que foram cruciais na investigação do assassinato de Dandara.

Agradeço ao humorista Paulo Diógenes (Personagem Raimundinha) que com sensibilidade se envolveu com a causa e possui um belíssimo trabalho na luta dos Direitos Humanos da população LGBTQIA+.

Meu agradecimento especial para minhas amigas Dayse (minha riqueza) e Estelina, que me ajudaram com tanto amor e com lágrimas ao lembrarem tudo que passaram ao lado de Dandara.

Agradeço especialmente às amigas de Dandara, que lindamente criaram uma rede para me ajudar a escrever essa obra, que repassaram detalhes íntimos de suas vidas, sem medo de exposição ou julgamentos.

Cândido, Diega, Silvinha, Suian, Kelly, Kauanny, Richielly, Jorraina, Michele, João da Moto, Jéssica Rodrigues, Daletty de Polly e a todas as minhas amigas, travestis ou não, que abrilhantaram minha vida nesses últimos meses. Meus sinceros agradecimentos por ter tido a chance de abrir o livro de suas vidas e dividir com o mundo.

A todos vocês, meu mais sincero amor e respeito.

Este livro foi impresso em papel offset 75g/m², capa em papel triplex 300g/m² com acabamento em UV localizado. Produzido no mês de agosto de 2019, na Gráfica Santa Marta LTDA, Distrito Industrial, João Pessoa, Brasil.